ITALIANO
VOCABULÁRIO

PALAVRAS MAIS ÚTEIS

PORTUGUÊS
ITALIANO

Para alargar o seu léxico e apurar
as suas competências linguísticas

3000 palavras

Vocabulário Português-Italiano - 3000 palavras

Por Andrey Taranov

Os vocabulários da T&P Books destinam-se a ajudar a aprender, a memorizar, e a rever palavras estrangeiras. O dicionário é dividido em temas, cobrindo todas as principais esferas de atividades quotidianas, negócios, ciência, cultura, etc.

O processo de aprendizagem, utilizando os dicionários baseados em temáticas da T&P Books dá-lhe as seguintes vantagens:

- Informação de origem corretamente agrupada predetermina o sucesso em fases subsequentes da memorização de palavras
- Disponibilização de palavras derivadas da mesma raiz, o que permite a memorização de unidades de texto (em vez de palavras separadas)
- Pequenas unidades de palavras facilitam o processo de estabelecimento de vínculos associativos necessários para a consolidação do vocabulário
- O nível de conhecimento da língua pode ser estimado pelo número de palavras aprendidas

T&P Books Publishing
www.tpbooks.com

ISBN: 978-1-78400-953-3

Este livro também está disponível em formato E-book.
Por favor visite www.tpbooks.com ou as principais livrarias on-line.

VOCABULÁRIO ITALIANO
palavras mais úteis

Os vocabulários da T&P Books destinam-se a ajudar a aprender, a memorizar, e a rever palavras estrangeiras. O vocabulário contém mais de 3000 palavras de uso comum organizadas tematicamente.

O vocabulário contém as palavras mais comummente usadas
Recomendado como adicional para qualquer curso de línguas
Satisfaz as necessidades dos iniciados e dos alunos avançados de línguas estrangeiras
Conveniente para o uso diário, sessões de revisão e atividades de auto-teste
Permite avaliar o seu vocabulário

Características especias do vocabulário

- As palavras estão organizadas de acordo com o seu significado, e não por ordem alfabética
- As palavras são apresentadas em três colunas para facilitar os processos de revisão e auto-teste
- As palavras compostas são divididas em pequenos blocos para facilitar o processo de aprendizagem
- O vocabulário oferece uma transcrição simples e adequada de cada palavra estrangeira

O vocabulário contém 101 tópicos incluindo:

Conceitos básicos, Números, Cores, Meses, Estações do ano, Unidades de medida, Roupas & Acessórios, Alimentos & Nutrição, Restaurante, Membros da Família, Parentes, Caráter, Sentimentos, Emoções, Doenças, Cidade, Passeios, Compras, Dinheiro, Casa, Lar, Escritório, Trabalho no Escritório, Importação & Exportação, Marketing, Pesquisa de Emprego, Desportos, Educação, Computador, Internet, Ferramentas, Natureza, Países, Nacionalidades e muito mais ...

TABELA DE CONTEÚDOS

GUIA DE PRONUNCIAÇÃO

Alfabeto fonético T&P	Exemplo Italiano	Exemplo Português
[a]	casco ['kasko]	chamar
[e]	sfera ['sfera]	metal
[i]	filo ['filo]	sinónimo
[o]	dolce ['doltʃe]	lobo
[u]	siluro [si'luro]	bonita
[y]	würstel ['vyrstel]	questionar
[b]	busta ['busta]	barril
[d]	andare [an'dare]	dentista
[dz]	zinco ['dzinko]	pizza
[dʒ]	Norvegia [nor'vedʒa]	adjetivo
[ʒ]	garage [ga'raʒ]	talvez
[f]	ferrovia [ferro'via]	safári
[g]	ago ['ago]	gosto
[k]	cocktail ['koktejl]	kiwi
[j]	piazza ['pjattsa]	géiser
[l]	olive [o'live]	libra
[ʎ]	figlio ['fiʎʎo]	barulho
[m]	mosaico [mo'zaiko]	magnólia
[n]	treno ['treno]	natureza
[ŋ]	granchio ['graŋkio]	alcançar
[ɲ]	magnete [ma'ɲete]	ninhada
[p]	pallone [pal'lone]	presente
[r]	futuro [fu'turo]	riscar
[s]	triste ['triste]	sanita
[ʃ]	piscina [pi'ʃina]	mês
[t]	estintore [estin'tore]	tulipa
[ts]	spezie ['spetsie]	tsé-tsé
[tʃ]	lancia ['lantʃa]	Tchau!
[v]	volo ['volo]	fava
[w]	whisky ['wiski]	página web
[z]	deserto [de'zerto]	sésamo

8

ABREVIATURAS
usadas no vocabulário

Abreviaturas do Português

adj	-	adjetivo
adv	-	advérbio
anim.	-	animado
conj.	-	conjunção
desp.	-	desporto
etc.	-	etecetra
ex.	-	por exemplo
f	-	nome feminino
f pl	-	feminino plural
fem.	-	feminino
inanim.	-	inanimado
m	-	nome masculino
m pl	-	masculino plural
m, f	-	masculino, feminino
masc.	-	masculino
mat.	-	matemática
mil.	-	militar
pl	-	plural
prep.	-	preposição
pron.	-	pronome
sb.	-	sobre
sing.	-	singular
v aux	-	verbo auxiliar
vi	-	verbo intransitivo
vi, vt	-	verbo intransitivo, transitivo
vr	-	verbo reflexivo
vt	-	verbo transitivo

Abreviaturas do Italiano

agg	-	adjetivo
f	-	nome feminino
f pl	-	feminino plural
m	-	nome masculino
m pl	-	masculino plural
m, f	-	masculino, feminino
pl	-	plural
v aus	-	verbo auxiliar

9

vi	-	verbo intransitivo
vi, vt	-	verbo intransitivo, transitivo
vr	-	verbo reflexivo
vt	-	verbo transitivo

CONCEITOS BÁSICOS

1. Pronomes

eu	io	['io]
tu	tu	['tu]
ele	lui	['luj]
ela	lei	['lej]
nós	noi	['noj]
vocês	voi	['voi]
eles, elas	loro, essi	['loro], ['essi]

2. Cumprimentos. Saudações

Olá!	Buongiorno!	[buon'dʒorno]
Bom dia! (formal)	Salve!	['salve]
Bom dia! (de manhã)	Buongiorno!	[buon'dʒorno]
Boa tarde!	Buon pomeriggio!	[bu'on pome'ridʒo]
Boa noite!	Buonasera!	[buona'sera]
cumprimentar (vt)	salutare (vt)	[salu'tare]
Olá!	Ciao! Salve!	['tʃao], ['salve]
saudação (f)	saluto (m)	[sa'luto]
saudar (vt)	salutare (vt)	[salu'tare]
Como vai?	Come va?	['kome 'va]
O que há de novo?	Che c'è di nuovo?	[ke tʃe di nu'ovo]
Até à vista!	Arrivederci!	[arrive'dertʃi]
Até breve!	A presto!	[a 'presto]
Adeus!	Addio!	[ad'dio]
despedir-se (vr)	congedarsi (vr)	[kondʒe'darsi]
Até logo!	Ciao!	['tʃao]
Obrigado! -a!	Grazie!	['gratsie]
Muito obrigado! -a!	Grazie mille!	['gratsie 'mille]
De nada	Prego	['prego]
Não tem de quê	Non c'è di che!	[non tʃe di 'ke]
De nada	Di niente	[di 'njente]
Desculpa!	Scusa!	['skuza]
Desculpe!	Scusi!	['skuzi]
desculpar (vt)	scusare (vt)	[sku'zare]
desculpar-se (vr)	scusarsi (vr)	[sku'zarsi]
As minhas desculpas	Chiedo scusa	['kjedo 'skuza]
Desculpe!	Mi perdoni!	[mi per'doni]

perdoar (vt)	perdonare (vt)	[perdo'nare]
Não faz mal	Non fa niente	[non fa 'njente]
por favor	per favore	[per fa'vore]

Não se esqueça!	Non dimentichi!	[non di'mentiki]
Certamente! Claro!	Certamente!	[tʃerta'mente]
Claro que não!	Certamente no!	[tʃerta'mente no]
Está bem! De acordo!	D'accordo!	[dak'kordo]
Basta!	Basta!	['basta]

3. Questões

Quem?	Chi?	[ki]
Que?	Che cosa?	[ke 'koza]
Onde?	Dove?	['dove]
Para onde?	Dove?	['dove]
De onde?	Di dove?, Da dove?	[di 'dove], [da 'dove]
Quando?	Quando?	['kwando]
Para quê?	Perché?	[per'ke]
Porquê?	Perché?	[per'ke]

Para quê?	Per che cosa?	[per ke 'koza]
Como?	Come?	['kome]
Qual?	Che?	[ke]
Qual? (entre dois ou mais)	Quale?	['kwale]

A quem?	A chi?	[a 'ki]
Sobre quem?	Di chi?	[di 'ki]
Do quê?	Di che cosa?	[di ke 'koza]
Com quem?	Con chi?	[kon 'ki]

Quantos? -as?	Quanti?	['kwanti]
Quanto?	Quanto?	['kwanto]
De quem? (masc.)	Di chi?	[di 'ki]

4. Preposições

com (prep.)	con	[kon]
sem (prep.)	senza	['sentsa]
a, para (exprime lugar)	a	[a]
sobre (ex. falar ~)	di	[di]
antes de …	prima di …	['prima di]
diante de …	di fronte a …	[di 'fronte a]

sob (debaixo de)	sotto	['sotto]
sobre (em cima de)	sopra	['sopra]
sobre (~ a mesa)	su	[su]
de (vir ~ Lisboa)	da, di	[da], [di]
de (feito ~ pedra)	di	[di]

dentro de (~ dez minutos)	fra …	[fra]
por cima de …	attraverso	[attra'verso]

5. Palavras funcionais. Advérbios. Parte 1

Onde?	Dove?	['dove]
aqui	qui	[kwi]
lá, ali	lì	[li]

em algum lugar	da qualche parte	[da 'kwalke 'parte]
em lugar nenhum	da nessuna parte	[da nes'suna 'parte]

ao pé de ...	vicino a ...	[vi'tʃino a]
ao pé da janela	vicino alla finestra	[vi'tʃino 'alla fi'nestra]

Para onde?	Dove?	['dove]
para cá	di qui	[di kwi]
para lá	ci	[tʃi]
daqui	da qui	[da kwi]
de lá, dali	da lì	[da 'li]

perto	vicino, accanto	[vi'tʃino], [a'kanto]
longe	lontano	[lon'tano]

perto de ...	vicino a ...	[vi'tʃino a]
ao lado de	vicino	[vi'tʃino]
perto, não fica longe	non lontano	[non lon'tano]

esquerdo	sinistro	[si'nistro]
à esquerda	a sinistra	[a si'nistra]
para esquerda	a sinistra	[a si'nistra]

direito	destro	['destro]
à direita	a destra	[a 'destra]
para direita	a destra	[a 'destra]

à frente	davanti	[da'vanti]
da frente	anteriore	[ante'rjore]
em frente (para a frente)	avanti	[a'vanti]

atrás de ...	dietro	['djetro]
por detrás (vir ~)	da dietro	[da 'djetro]
para trás	indietro	[in'djetro]

meio (m), metade (f)	mezzo (m), centro (m)	['meddzo], ['tʃentro]
no meio	in mezzo, al centro	[in 'meddzo], [al 'tʃentro]

de lado	di fianco	[di 'fjanko]
em todo lugar	dappertutto	[dapper'tutto]
ao redor (olhar ~)	attorno	[at'torno]

de dentro	da dentro	[da 'dentro]
para algum lugar	da qualche parte	[da 'kwalke 'parte]
diretamente	dritto	['dritto]
de volta	indietro	[in'djetro]

de algum lugar	da qualsiasi parte	[da kwal'siazi 'parte]
de um lugar	da qualche posto	[da 'kwalke 'posto]

13

em primeiro lugar	in primo luogo	[in 'primo lu'ogo]
em segundo lugar	in secondo luogo	[in se'kondo lu'ogo]
em terceiro lugar	in terzo luogo	[in 'tertso lu'ogo]

de repente	all'improvviso	[all improv'vizo]
no início	all'inizio	[all i'nitsio]
pela primeira vez	per la prima volta	[per la 'prima 'volta]
muito antes de ...	molto tempo prima di ...	['molto 'tempo 'prima di]
de novo, novamente	di nuovo	[di nu'ovo]
para sempre	per sempre	[per 'sempre]

nunca	mai	[maj]
de novo	ancora	[an'kora]
agora	adesso	[a'desso]
frequentemente	spesso	['spesso]
então	allora	[al'lora]
urgentemente	urgentemente	[urdʒente'mente]
usualmente	di solito	[di 'solito]

a propósito, ...	a proposito, ...	[a pro'pozito]
é possível	è possibile	[e pos'sibile]
provavelmente	probabilmente	[probabil'mente]
talvez	forse	['forse]
além disso, ...	inoltre ...	[i'noltre]
por isso ...	ecco perché ...	['ekko per'ke]
apesar de ...	nonostante	[nono'stante]
graças a ...	grazie a ...	['gratsie a]

que (pron.)	che cosa	[ke 'koza]
que (conj.)	che	[ke]
algo	qualcosa	[kwal'koza]
alguma coisa	qualcosa	[kwal'koza]
nada	niente	['njente]

quem	chi	[ki]
alguém (~ teve uma ideia ...)	qualcuno	[kwal'kuno]
alguém	qualcuno	[kwal'kuno]

ninguém	nessuno	[nes'suno]
para lugar nenhum	da nessuna parte	[da nes'suna 'parte]
de ninguém	di nessuno	[di nes'suno]
de alguém	di qualcuno	[di kwal'kuno]

tão	così	[ko'zi]
também (gostaria ~ de ...)	anche	['aŋke]
também (~ eu)	anche, pure	['aŋke], ['pure]

6. Palavras funcionais. Advérbios. Parte 2

Porquê?	Perché?	[per'ke]
por alguma razão	per qualche ragione	[per 'kwalke ra'dʒone]
porque ...	perché ...	[per'ke]
por qualquer razão	per qualche motivo	[per 'kwalke mo'tivo]
e (tu ~ eu)	e	[e]

ou (ser ~ não ser)	o ...	[o]
mas (porém)	ma	[ma]
para (~ a minha mãe)	per	[per]
demasiado, muito	troppo	['troppo]
só, somente	solo	['solo]
exatamente	esattamente	[ezatta'mente]
cerca de (~ 10 kg)	circa	['tʃirka]
aproximadamente	approssimativamente	[approsimativa'mente]
aproximado	approssimativo	[approssima'tivo]
quase	quasi	['kwazi]
resto (m)	resto (m)	['resto]
cada	ogni	['oɲi]
qualquer	qualsiasi	[kwal'siazi]
muitos, muitas	molti	['molti]
muito	molto	['molto]
muitas pessoas	molta gente	['molta 'dʒente]
todos	tutto, tutti	['tutto], ['tutti]
em troca de ...	in cambio di ...	[in 'kambio di]
em troca	in cambio	[in 'kambio]
à mão	a mano	[a 'mano]
pouco provável	poco probabile	['poko pro'babile]
provavelmente	probabilmente	[probabil'mente]
de propósito	apposta	[ap'posta]
por acidente	per caso	[per 'kazo]
muito	molto	['molto]
por exemplo	per esempio	[per e'zempjo]
entre	fra	[fra]
entre (no meio de)	fra	[fra]
tanto	tanto	['tanto]
especialmente	soprattutto	[sopra'tutto]

15

NÚMEROS. DIVERSOS

7. Números cardinais. Parte 1

zero	zero (m)	['dzero]
um	uno	['uno]
dois	due	['due]
três	tre	['tre]
quatro	quattro	['kwattro]
cinco	cinque	['tʃinkwe]
seis	sei	['sej]
sete	sette	['sette]
oito	otto	['otto]
nove	nove	['nove]
dez	dieci	['djetʃi]
onze	undici	['unditʃi]
doze	dodici	['doditʃi]
treze	tredici	['treditʃi]
catorze	quattordici	[kwat'torditʃi]
quinze	quindici	['kwinditʃi]
dezasseis	sedici	['seditʃi]
dezassete	diciassette	[ditʃas'sette]
dezoito	diciotto	[di'tʃotto]
dezanove	diciannove	[ditʃan'nove]
vinte	venti	['venti]
vinte e um	ventuno	[ven'tuno]
vinte e dois	ventidue	['venti 'due]
vinte e três	ventitre	['venti 'tre]
trinta	trenta	['trenta]
trinta e um	trentuno	[tren'tuno]
trinta e dois	trentadue	[trenta 'due]
trinta e três	trentatre	[trenta 'tre]
quarenta	quaranta	[kwa'ranta]
quarenta e um	quarantuno	[kwa'rant'uno]
quarenta e dois	quarantadue	[kwa'ranta 'due]
quarenta e três	quarantatre	[kwa'ranta 'tre]
cinquenta	cinquanta	[tʃin'kwanta]
cinquenta e um	cinquantuno	[tʃin'kwant'uno]
cinquenta e dois	cinquantadue	[tʃin'kwanta 'due]
cinquenta e três	cinquantatre	[tʃin'kwanta 'tre]
sessenta	sessanta	[ses'santa]
sessenta e um	sessantuno	[sessan'tuno]

| sessenta e dois | sessantadue | [ses'santa 'due] |
| sessenta e três | sessantatre | [ses'santa 'tre] |

setenta	settanta	[set'tanta]
setenta e um	settantuno	[settan'tuno]
setenta e dois	settantadue	[set'tanta 'due]
setenta e três	settantatre	[set'tanta 'tre]

oitenta	ottanta	[ot'tanta]
oitenta e um	ottantuno	[ottan'tuno]
oitenta e dois	ottantadue	[ot'tanta 'due]
oitenta e três	ottantatre	[ot'tanta 'tre]

noventa	novanta	[no'vanta]
noventa e um	novantuno	[novan'tuno]
noventa e dois	novantadue	[no'vanta 'due]
noventa e três	novantatre	[no'vanta 'tre]

8. Números cardinais. Parte 2

cem	cento	['ʧento]
duzentos	duecento	[due'ʧento]
trezentos	trecento	[tre'ʧento]
quatrocentos	quattrocento	[kwattro'ʧento]
quinhentos	cinquecento	[ʧinkwe'ʧento]

seiscentos	seicento	[sej'ʧento]
setecentos	settecento	[sette'ʧento]
oitocentos	ottocento	[otto'ʧento]
novecentos	novecento	[nove'ʧento]

mil	mille	['mille]
dois mil	duemila	[due'mila]
De quem são ...?	tremila	[tre'mila]
dez mil	diecimila	['djeʧi 'mila]
cem mil	centomila	[ʧento'mila]
um milhão	milione (m)	[mi'ljone]
mil milhões	miliardo (m)	[mi'ljardo]

9. Números ordinais

primeiro	primo	['primo]
segundo	secondo	[se'kondo]
terceiro	terzo	['tertso]
quarto	quarto	['kwarto]
quinto	quinto	['kwinto]

sexto	sesto	['sesto]
sétimo	settimo	['settimo]
oitavo	ottavo	[ot'tavo]
nono	nono	['nono]
décimo	decimo	['deʧimo]

17

CORES. UNIDADES DE MEDIDA

10. Cores

cor (f)	colore (m)	[ko'lore]
matiz (m)	sfumatura (f)	[sfuma'tura]
tom (m)	tono (m)	['tono]
arco-íris (m)	arcobaleno (m)	[arkoba'leno]
branco	bianco	['bjanko]
preto	nero	['nero]
cinzento	grigio	['gridʒo]
verde	verde	['verde]
amarelo	giallo	['dʒallo]
vermelho	rosso	['rosso]
azul	blu	['blu]
azul claro	azzurro	[ad'dzurro]
rosa	rosa	['roza]
laranja	arancione	[aran'ʧone]
violeta	violetto	[vio'letto]
castanho	marrone	[mar'rone]
dourado	d'oro	['doro]
prateado	argenteo	[ar'dʒenteo]
bege	beige	[beʒ]
creme	color crema	[ko'lor 'krema]
turquesa	turchese	[tur'keze]
vermelho cereja	rosso ciliegia (f)	['rosso ʧi'ljedʒa]
lilás	lilla	['lilla]
carmesim	rosso lampone	['rosso lam'pone]
claro	chiaro	['kjaro]
escuro	scuro	['skuro]
vivo	vivo, vivido	['vivo], ['vivido]
de cor	colorato	[kolo'rato]
a cores	a colori	[a ko'lori]
preto e branco	bianco e nero	['bjanko e 'nero]
unicolor	in tinta unita	[in 'tinta u'nita]
multicor	multicolore	[multiko'lore]

11. Unidades de medida

peso (m)	peso (m)	['pezo]
comprimento (m)	lunghezza (f)	[lun'gettsa]

largura (f)	larghezza (f)	[lar'gettsa]
altura (f)	altezza (f)	[al'tettsa]
profundidade (f)	profondità (f)	[profondi'ta]
volume (m)	volume (m)	[vo'lume]
área (f)	area (f)	['area]

grama (m)	grammo (m)	['grammo]
miligrama (m)	milligrammo (m)	[milli'grammo]
quilograma (m)	chilogrammo (m)	[kilo'grammo]
tonelada (f)	tonnellata (f)	[tonnel'lata]
libra (453,6 gramas)	libbra (f)	['libbra]
onça (f)	oncia (f)	['ontʃa]

metro (m)	metro (m)	['metro]
milímetro (m)	millimetro (m)	[mil'limetro]
centímetro (m)	centimetro (m)	[tʃen'timetro]
quilómetro (m)	chilometro (m)	[ki'lometro]
milha (f)	miglio (m)	['miʎʎo]

polegada (f)	pollice (m)	['pollitʃe]
pé (304,74 mm)	piede (f)	['pjede]
jarda (914,383 mm)	iarda (f)	[jarda]

metro (m) quadrado	metro (m) quadro	['metro 'kwadro]
hectare (m)	ettaro (m)	['ettaro]

litro (m)	litro (m)	['litro]
grau (m)	grado (m)	['grado]
volt (m)	volt (m)	[volt]
ampere (m)	ampere (m)	[am'pere]
cavalo-vapor (m)	cavallo vapore (m)	[ka'vallo va'pore]

quantidade (f)	quantità (f)	[kwanti'ta]
um pouco de ...	un po'di ...	[un po di]
metade (f)	metà (f)	[me'ta]
dúzia (f)	dozzina (f)	[dod'dzina]
peça (f)	pezzo (m)	['pettso]

dimensão (f)	dimensione (f)	[dimen'sjone]
escala (f)	scala (f)	['skala]

mínimo	minimo	['minimo]
menor, mais pequeno	minore	[mi'nore]
médio	medio	['medio]
máximo	massimo	['massimo]
maior, mais grande	maggiore	[ma'dʒore]

12. Recipientes

boião (m) de vidro	barattolo (m) di vetro	[ba'rattolo di 'vetro]
lata (~ de cerveja)	latta (f), lattina (f)	['latta], [lat'tina]
balde (m)	secchio (m)	['sekkio]
barril (m)	barile (m), botte (f)	[ba'rile], ['botte]
bacia (~ de plástico)	catino (m)	[ka'tino]

tanque (m)	serbatoio (m)	[serba'tojo]
cantil (m) de bolso	fiaschetta (f)	[fias'ketta]
bidão (m) de gasolina	tanica (f)	['tanika]
cisterna (f)	cisterna (f)	[ʧi'sterna]
caneca (f)	tazza (f)	['tattsa]
chávena (f)	tazzina (f)	[tat'tsina]
pires (m)	piattino (m)	[pjat'tino]
copo (m)	bicchiere (m)	[bik'kjere]
taça (f) de vinho	calice (m)	['kaliʧe]
panela, caçarola (f)	casseruola (f)	[kasseru'ola]
garrafa (f)	bottiglia (f)	[bot'tiʎʎa]
gargalo (m)	collo (m)	['kollo]
jarro, garrafa (f)	caraffa (f)	[ka'raffa]
jarro (m) de barro	brocca (f)	['brokka]
recipiente (m)	recipiente (m)	[reʧi'pjente]
pote (m)	vaso (m) di coccio	['vazo di 'koʧo]
vaso (m)	vaso (m)	['vazo]
frasco (~ de perfume)	boccetta (f)	[bo'ʧetta]
frasquinho (ex. ~ de iodo)	fiala (f)	[fi'ala]
tubo (~ de pasta dentífrica)	tubetto (m)	[tu'betto]
saca (ex. ~ de açúcar)	sacco (m)	['sakko]
saco (~ de plástico)	sacchetto (m)	[sak'ketto]
maço (m)	pacchetto (m)	[pak'ketto]
caixa (~ de sapatos, etc.)	scatola (f)	['skatola]
caixa (~ de madeira)	cassa (f)	['kassa]
cesta (f)	cesta (f)	['ʧesta]

VERBOS PRINCIPAIS

13. Os verbos mais importantes. Parte 1

abrir (vt)	aprire (vt)	[a'prire]
acabar, terminar (vt)	finire (vt)	[fi'nire]
aconselhar (vt)	consigliare (vt)	[konsiʎ'ʎare]
adivinhar (vt)	indovinare (vt)	[indovi'nare]
advertir (vt)	avvertire (vt)	[avver'tire]
ajudar (vt)	aiutare (vt)	[aju'tare]
almoçar (vi)	pranzare (vi)	[pran'tsare]
alugar (~ um apartamento)	affittare (vt)	[affit'tare]
amar (vt)	amare qn	[a'mare]
ameaçar (vt)	minacciare (vt)	[mina'ʧare]
anotar (escrever)	annotare (vt)	[anno'tare]
apanhar (vt)	afferrare (vt)	[affer'rare]
apressar-se (vr)	avere fretta	[a'vere 'fretta]
arrepender-se (vr)	rincrescere (vi)	[rin'kreʃere]
assinar (vt)	firmare (vt)	[fir'mare]
atirar, disparar (vi)	sparare (vi)	[spa'rare]
brincar (vi)	scherzare (vi)	[sker'tsare]
brincar, jogar (crianças)	giocare (vi)	[dʒo'kare]
buscar (vt)	cercare (vt)	[ʧer'kare]
caçar (vi)	cacciare (vt)	[ka'ʧare]
cair (vi)	cadere (vi)	[ka'dere]
cavar (vt)	scavare (vt)	[ska'vare]
cessar (vt)	cessare (vt)	[ʧes'sare]
chamar (~ por socorro)	chiamare (vt)	[kja'mare]
chegar (vi)	arrivare (vi)	[arri'vare]
chorar (vi)	piangere (vi)	['pjandʒere]
começar (vt)	cominciare (vt)	[komin'ʧare]
comparar (vt)	comparare (vt)	[kompa'rare]
compreender (vt)	capire (vt)	[ka'pire]
concordar (vi)	essere d'accordo	['essere dak'kordo]
confiar (vt)	fidarsi (vr)	[fi'darsi]
confundir (equivocar-se)	confondere (vt)	[kon'fondere]
conhecer (vt)	conoscere	[ko'noʃere]
contar (fazer contas)	contare (vt)	[kon'tare]
contar com (esperar)	contare su ...	[kon'tare su]
continuar (vt)	continuare (vt)	[kontinu'are]
controlar (vt)	controllare (vt)	[kontrol'lare]
convidar (vt)	invitare (vt)	[invi'tare]
correr (vi)	correre (vi)	['korrere]

| criar (vt) | creare (vt) | [kre'are] |
| custar (vt) | costare (vt) | [ko'stare] |

14. Os verbos mais importantes. Parte 2

dar (vt)	dare (vt)	['dare]
dar uma dica	dare un suggerimento	[dare un sudʒeri'mento]
decorar (enfeitar)	decorare (vt)	[deko'rare]
defender (vt)	difendere (vt)	[di'fendere]
deixar cair (vt)	lasciar cadere	[la'ʃar ka'dere]

descer (para baixo)	scendere (vi)	['ʃendere]
desculpar (vt)	battaglia (f)	[bat'taʎʎa]
desculpar-se (vr)	scusarsi (vr)	[sku'zarsi]
dirigir (~ uma empresa)	dirigere (vt)	[di'ridʒere]
discutir (notícias, etc.)	discutere (vt)	[di'skutere]
dizer (vt)	dire (vt)	['dire]

duvidar (vt)	dubitare (vi)	[dubi'tare]
encontrar (achar)	trovare (vt)	[tro'vare]
enganar (vt)	ingannare (vt)	[ingan'nare]
entrar (na sala, etc.)	entrare (vi)	[en'trare]
enviar (uma carta)	mandare (vt)	[man'dare]

errar (equivocar-se)	sbagliare (vi)	[zbaʎ'ʎare]
escolher (vt)	scegliere (vt)	['ʃeʎʎere]
esconder (vt)	nascondere (vt)	[na'skondere]
escrever (vt)	scrivere (vt)	['skrivere]
esperar (o autocarro, etc.)	aspettare (vt)	[aspet'tare]

esperar (ter esperança)	sperare (vi, vt)	[spe'rare]
esquecer (vt)	dimenticare (vt)	[dimenti'kare]
estudar (vt)	studiare (vt)	[stu'djare]
exigir (vt)	esigere (vt)	[e'zidʒere]
existir (vi)	esistere (vi)	[e'zistere]

explicar (vt)	spiegare (vt)	[spje'gare]
falar (vi)	parlare (vi, vt)	[par'lare]
faltar (clases, etc.)	mancare le lezioni	[man'kare le le'tsjoni]
fazer (vt)	fare (vt)	['fare]

| ficar em silêncio | tacere (vi) | [ta'tʃere] |
| gabar-se, jactar-se (vr) | vantarsi (vr) | [van'tarsi] |

| gostar (apreciar) | piacere (vi) | [pja'tʃere] |
| guardar (cartas, etc.) | conservare (vt) | [konser'vare] |

| informar (vt) | informare (vt) | [infor'mare] |
| insistir (vi) | insistere (vi) | [in'sistere] |

insultar (vt)	insultare (vt)	[insul'tare]
interessar-se (vr)	interessarsi di ...	[interes'sarsi di]
ir (a pé)	andare (vi)	[an'dare]
jantar (vi)	cenare (vi)	[tʃe'nare]

15. Os verbos mais importantes. Parte 3

ler (vt)	leggere (vi, vt)	['ledʒere]
libertar (cidade, etc.)	liberare (vt)	[libe'rare]
matar (vt)	uccidere (vt)	[u'ʧidere]
mencionar (vt)	menzionare (vt)	[mentsjo'nare]
mostrar (vt)	mostrare (vt)	[mo'strare]
mudar (modificar)	cambiare (vt)	[kam'bjare]
nadar (vi)	nuotare (vi)	[nuo'tare]
negar-se a …	rifiutarsi (vr)	[rifju'tarsi]
objetar (vt)	obiettare (vt)	[objet'tare]
observar (vt)	osservare (vt)	[osser'vare]
ordenar (mil.)	ordinare (vt)	[ordi'nare]
ouvir (vt)	sentire (vt)	[sen'tire]
pagar (vt)	pagare (vi, vt)	[pa'gare]
parar (vi)	fermarsi (vr)	[fer'marsi]
participar (vi)	partecipare (vi)	[parteʧi'pare]
pedir (comida)	ordinare (vt)	[ordi'nare]
pedir (um favor, etc.)	chiedere, domandare	['kjedere], [doman'dare]
pegar (tomar)	prendere (vt)	['prendere]
pensar (vt)	pensare (vi, vt)	[pen'sare]
perceber (ver)	accorgersi (vr)	[ak'kordʒersi]
perdoar (vt)	perdonare (vt)	[perdo'nare]
perguntar (vt)	chiedere, domandare	['kjedere], [doman'dare]
permitir (vt)	permettere (vt)	[per'mettere]
pertencer a …	appartenere (vi)	[apparte'nere]
planear (vt)	pianificare (vt)	[pjanifi'kare]
poder (vi)	potere (v aus)	[po'tere]
possuir (vt)	possedere (vt)	[posse'dere]
preferir (vt)	preferire (vt)	[prefe'rire]
preparar (vt)	cucinare (vi)	[kuʧi'nare]
prever (vt)	prevedere (vt)	[preve'dere]
prometer (vt)	promettere (vt)	[pro'mettere]
pronunciar (vt)	pronunciare (vt)	[pronun'ʧare]
propor (vt)	proporre (vt)	[pro'porre]
punir (castigar)	punire (vt)	[pu'nire]

16. Os verbos mais importantes. Parte 4

quebrar (vt)	rompere (vt)	['rompere]
queixar-se (vr)	lamentarsi (vr)	[lamen'tarsi]
querer (desejar)	volere (vt)	[vo'lere]
recomendar (vt)	raccomandare (vt)	[rakkoman'dare]
repetir (dizer outra vez)	ripetere (vt)	[ri'petere]
repreender (vt)	sgridare (vt)	[zgri'dare]
reservar (~ um quarto)	riservare (vt)	[rizer'vare]

responder (vt)	**rispondere** (vi, vt)	[ris'pondere]
rezar, orar (vi)	**pregare** (vi, vt)	[pre'gare]
rir (vi)	**ridere** (vi)	['ridere]

roubar (vt)	**rubare** (vt)	[ru'bare]
saber (vt)	**sapere** (vt)	[sa'pere]
sair (~ de casa)	**uscire** (vi)	[u'ʃire]
salvar (vt)	**salvare** (vt)	[sal'vare]
seguir ...	**seguire** (vt)	[se'gwire]

sentar-se (vr)	**sedersi** (vr)	[se'dersi]
ser necessário	**occorrere**	[ok'korrere]
ser, estar	**essere** (vi)	['essere]
significar (vt)	**significare** (vt)	[siɲifi'kare]

sorrir (vi)	**sorridere** (vi)	[sor'ridere]
subestimar (vt)	**sottovalutare** (vt)	[sottovalu'tare]
surpreender-se (vr)	**stupirsi** (vr)	[stu'pirsi]
tentar (vt)	**tentare** (vt)	[ten'tare]

ter (vt)	**avere** (vt)	[a'vere]
ter fome	**avere fame**	[a'vere 'fame]
ter medo	**avere paura**	[a'vere pa'ura]
ter sede	**avere sete**	[a'vere 'sete]

tocar (com as mãos)	**toccare** (vt)	[tok'kare]
tomar o pequeno-almoço	**fare colazione**	['fare kola'tsjone]
trabalhar (vi)	**lavorare** (vi)	[lavo'rare]
traduzir (vt)	**tradurre** (vt)	[tra'durre]
unir (vt)	**unire** (vt)	[u'nire]

vender (vt)	**vendere** (vt)	['vendere]
ver (vt)	**vedere** (vt)	[ve'dere]
virar (ex. ~ à direita)	**girare** (vi)	[dʒi'rare]
voar (vi)	**volare** (vi)	[vo'lare]

TEMPO. CALENDÁRIO

17. Dias da semana

segunda-feira (f)	lunedì (m)	[lune'di]
terça-feira (f)	martedì (m)	[marte'di]
quarta-feira (f)	mercoledì (m)	[merkole'di]
quinta-feira (f)	giovedì (m)	[dʒove'di]
sexta-feira (f)	venerdì (m)	[vener'di]
sábado (m)	sabato (m)	['sabato]
domingo (m)	domenica (f)	[do'menika]
hoje	oggi	['odʒi]
amanhã	domani	[do'mani]
depois de amanhã	dopodomani	[dopodo'mani]
ontem	ieri	['jeri]
anteontem	l'altro ieri	['laltro 'jeri]
dia (m)	giorno (m)	['dʒorno]
dia (m) de trabalho	giorno (m) lavorativo	['dʒorno lavora'tivo]
feriado (m)	giorno (m) festivo	['dʒorno fes'tivo]
dia (m) de folga	giorno (m) di riposo	['dʒorno di ri'pozo]
fim (m) de semana	fine (m) settimana	['fine setti'mana]
o dia todo	tutto il giorno	['tutto il 'dʒorno]
no dia seguinte	l'indomani	[lindo'mani]
há dois dias	due giorni fa	['due 'dʒorni fa]
na véspera	il giorno prima	[il 'dʒorno 'prima]
diário	quotidiano	[kwoti'djano]
todos os dias	ogni giorno	['oɲi 'dʒorno]
semana (f)	settimana (f)	[setti'mana]
na semana passada	la settimana scorsa	[la setti'mana 'skorsa]
na próxima semana	la settimana prossima	[la setti'mana 'prossima]
semanal	settimanale	[settima'nale]
cada semana	ogni settimana	['oɲi setti'mana]
duas vezes por semana	due volte alla settimana	['due 'volte 'alla setti'mana]
cada terça-feira	ogni martedì	['oɲi marte'di]

18. Horas. Dia e noite

manhã (f)	mattina (f)	[mat'tina]
de manhã	di mattina	[di mat'tina]
meio-dia (m)	mezzogiorno (m)	[meddzo'dʒorno]
à tarde	nel pomeriggio	[nel pome'ridʒo]
noite (f)	sera (f)	['sera]
à noite (noitinha)	di sera	[di 'sera]

noite (f)	notte (f)	['notte]
à noite	di notte	[di 'notte]
meia-noite (f)	mezzanotte (f)	[meddza'notte]
segundo (m)	secondo (m)	[se'kondo]
minuto (m)	minuto (m)	[mi'nuto]
hora (f)	ora (f)	['ora]
meia hora (f)	mezzora (f)	[med'dzora]
quarto (m) de hora	un quarto d'ora	[un 'kwarto 'dora]
quinze minutos	quindici minuti	['kwinditʃi mi'nuti]
vinte e quatro horas	ventiquattro ore	[venti'kwattro 'ore]
nascer (m) do sol	levata (f) del sole	[le'vata del 'sole]
amanhecer (m)	alba (f)	['alba]
madrugada (f)	mattutino (m)	[mattu'tino]
pôr do sol (m)	tramonto (m)	[tra'monto]
de madrugada	di buon mattino	[di bu'on mat'tino]
hoje de manhã	stamattina	[stamat'tina]
amanhã de manhã	domattina	[domat'tina]
hoje à tarde	oggi pomeriggio	['odʒi pome'ridʒo]
à tarde	nel pomeriggio	[nel pome'ridʒo]
amanhã à tarde	domani pomeriggio	[do'mani pome'ridʒo]
hoje à noite	stasera	[sta'sera]
amanhã à noite	domani sera	[do'mani 'sera]
às três horas em ponto	alle tre precise	['alle tre pre'tʃize]
por volta das quatro	verso le quattro	['verso le 'kwattro]
às doze	per le dodici	[per le 'doditʃi]
dentro de vinte minutos	fra venti minuti	[fra 'venti mi'nuti]
dentro duma hora	fra un'ora	[fra un 'ora]
a tempo	puntualmente	[puntual'mente]
menos um quarto	un quarto di ...	[un 'kwarto di]
durante uma hora	entro un'ora	['entro un 'ora]
a cada quinze minutos	ogni quindici minuti	['oɲi 'kwinditʃi mi'nuti]
as vinte e quatro horas	giorno e notte	['dʒorno e 'notte]

19. Meses. Estações

janeiro (m)	gennaio (m)	[dʒen'najo]
fevereiro (m)	febbraio (m)	[feb'brajo]
março (m)	marzo (m)	['martso]
abril (m)	aprile (m)	[a'prile]
maio (m)	maggio (m)	['madʒo]
junho (m)	giugno (m)	['dʒuɲo]
julho (m)	luglio (m)	['luʎʎo]
agosto (m)	agosto (m)	[a'gosto]
setembro (m)	settembre (m)	[set'tembre]
outubro (m)	ottobre (m)	[ot'tobre]

novembro (m)	novembre (m)	[no'vembre]
dezembro (m)	dicembre (m)	[di'tʃembre]
primavera (f)	primavera (f)	[prima'vera]
na primavera	in primavera	[in prima'vera]
primaveril	primaverile	[primave'rile]
verão (m)	estate (f)	[e'state]
no verão	in estate	[in e'state]
de verão	estivo	[e'stivo]
outono (m)	autunno (m)	[au'tunno]
no outono	in autunno	[in au'tunno]
outonal	autunnale	[autun'nale]
inverno (m)	inverno (m)	[in'verno]
no inverno	in inverno	[in in'verno]
de inverno	invernale	[inver'nale]
mês (m)	mese (m)	['meze]
este mês	questo mese	['kwesto 'meze]
no próximo mês	il mese prossimo	[il 'meze 'prossimo]
no mês passado	il mese scorso	[il 'meze 'skorso]
há um mês	un mese fa	[un 'meze fa]
dentro de um mês	fra un mese	[fra un 'meze]
dentro de dois meses	fra due mesi	[fra 'due 'mezi]
todo o mês	un mese intero	[un 'meze in'tero]
um mês inteiro	per tutto il mese	[per 'tutto il 'meze]
mensal	mensile	[men'sile]
mensalmente	mensilmente	[mensil'mente]
cada mês	ogni mese	['oɲi 'meze]
duas vezes por mês	due volte al mese	['due 'volte al 'meze]
ano (m)	anno (m)	['anno]
este ano	quest'anno	[kwest'anno]
no próximo ano	l'anno prossimo	['lanno 'prossimo]
no ano passado	l'anno scorso	['lanno 'skorso]
há um ano	un anno fa	[un 'anno fa]
dentro dum ano	fra un anno	[fra un 'anno]
dentro de 2 anos	fra due anni	[fra 'due 'anni]
todo o ano	un anno intero	[un 'anno in'tero]
um ano inteiro	per tutto l'anno	[per 'tutto 'lanno]
cada ano	ogni anno	['oɲi 'anno]
anual	annuale	[annu'ale]
anualmente	annualmente	[annual'mente]
quatro vezes por ano	quattro volte all'anno	['kwattro 'volte all 'anno]
data (~ de hoje)	data (f)	['data]
data (ex. ~ de nascimento)	data (f)	['data]
calendário (m)	calendario (m)	[kalen'dario]
meio ano	mezz'anno (m)	[med'dzanno]
seis meses	semestre (m)	[se'mestre]

estação (f)	**stagione** (f)	[sta'dʒone]
século (m)	**secolo** (m)	['sekolo]

VIAGENS. HOTEL

20. Viagens

turismo (m)	turismo (m)	[tu'rizmo]
turista (m)	turista (m)	[tu'rista]
viagem (f)	viaggio (m)	['vjadʒo]
aventura (f)	avventura (f)	[avven'tura]
viagem (f)	viaggio (m)	['vjadʒo]
férias (f pl)	vacanza (f)	[va'kantsa]
estar de férias	essere in vacanza	['essere in va'kantsa]
descanso (m)	riposo (m)	[ri'pozo]
comboio (m)	treno (m)	['treno]
de comboio (chegar ~)	in treno	[in 'treno]
avião (m)	aereo (m)	[a'ereo]
de avião	in aereo	[in a'ereo]
de carro	in macchina	[in 'makkina]
de navio	in nave	[in 'nave]
bagagem (f)	bagaglio (m)	[ba'gaʎʎo]
mala (f)	valigia (f)	[va'lidʒa]
carrinho (m)	carrello (m)	[kar'rello]
passaporte (m)	passaporto (m)	[passa'porto]
visto (m)	visto (m)	['visto]
bilhete (m)	biglietto (m)	[biʎ'ʎetto]
bilhete (m) de avião	biglietto (m) aereo	[biʎ'ʎetto a'ereo]
guia (m) de viagem	guida (f)	['gwida]
mapa (m)	carta (f) geografica	['karta dʒeo'grafika]
local (m), area (f)	località (f)	[lokali'ta]
lugar, sítio (m)	luogo (m)	[lu'ogo]
exotismo (m)	ogetti (m pl) esotici	[o'dʒetti e'zotitʃi]
exótico	esotico	[e'zotiko]
surpreendente	sorprendente	[sorpren'dente]
grupo (m)	gruppo (m)	['gruppo]
excursão (f)	escursione (f)	[eskur'sjone]
guia (m)	guida (f)	['gwida]

21. Hotel

hotel (m)	albergo, hotel (m)	[al'bergo], [o'tel]
motel (m)	motel (m)	[mo'tel]
três estrelas	tre stelle	[tre 'stelle]

cinco estrelas	cinque stelle	['tʃinkwe 'stelle]
ficar (~ num hotel)	alloggiare (vi)	[allo'dʒare]
quarto (m)	camera (f)	['kamera]
quarto (m) individual	camera (f) singola	['kamera 'singola]
quarto (m) duplo	camera (f) doppia	['kamera 'doppia]
reservar um quarto	prenotare una camera	[preno'tare 'una 'kamera]
meia pensão (f)	mezza pensione (f)	['meddza pen'sjone]
pensão (f) completa	pensione (f) completa	[pen'sjone kom'pleta]
com banheira	con bagno	[kon 'baɲo]
com duche	con doccia	[kon 'dotʃa]
televisão (m) satélite	televisione (f) satellitare	[televi'zjone satelli'tare]
ar (m) condicionado	condizionatore (m)	[konditsiona'tore]
toalha (f)	asciugamano (m)	[aʃuga'mano]
chave (f)	chiave (f)	['kjave]
administrador (m)	amministratore (m)	[amministra'tore]
camareira (f)	cameriera (f)	[kame'rjera]
bagageiro (m)	portabagagli (m)	[porta·ba'gaʎʎi]
porteiro (m)	portiere (m)	[por'tjere]
restaurante (m)	ristorante (m)	[risto'rante]
bar (m)	bar (m)	[bar]
pequeno-almoço (m)	colazione (f)	[kola'tsjone]
jantar (m)	cena (f)	['tʃena]
buffet (m)	buffet (m)	[buf'fe]
hall (m) de entrada	hall (f)	[oll]
elevador (m)	ascensore (m)	[aʃen'sore]
NÃO PERTURBE	NON DISTURBARE	[non distur'bare]
PROIBIDO FUMAR!	VIETATO FUMARE!	[vje'tato fu'mare]

22. Turismo

monumento (m)	monumento (m)	[monu'mento]
fortaleza (f)	fortezza (f)	[for'tettsa]
palácio (m)	palazzo (m)	[pa'lattso]
castelo (m)	castello (m)	[ka'stello]
torre (f)	torre (f)	['torre]
mausoléu (m)	mausoleo (m)	[mauzo'leo]
arquitetura (f)	architettura (f)	[arkitet'tura]
medieval	medievale	[medje'vale]
antigo	antico	[an'tiko]
nacional	nazionale	[natsio'nale]
conhecido	famoso	[fa'mozo]
turista (m)	turista (m)	[tu'rista]
guia (pessoa)	guida (f)	['gwida]
excursão (f)	escursione (f)	[eskur'sjone]
mostrar (vt)	fare vedere	['fare ve'dere]

contar (vt)	raccontare (vt)	[rakkon'tare]
encontrar (vt)	trovare (vt)	[tro'vare]
perder-se (vr)	perdersi (vr)	['perdersi]
mapa (~ do metrô)	mappa (f)	['mappa]
mapa (~ da cidade)	piantina (f)	[pjan'tina]

lembrança (f), presente (m)	souvenir (m)	[suve'nir]
loja (f) de presentes	negozio (m) di articoli da regalo	[ne'gotsio di ar'tikoli da re'galo]
fotografar (vt)	fare foto	['fare 'foto]
fotografar-se	fotografarsi	[fotogra'farsi]

TRANSPORTES

23. Aeroporto

aeroporto (m)	**aeroporto** (m)	[aero'porto]
avião (m)	**aereo** (m)	[a'ereo]
companhia (f) aérea	**compagnia** (f) **aerea**	[kompa'ɲia a'erea]
controlador (m) de tráfego aéreo	**controllore** (m) **di volo**	[kontrol'lore di 'volo]

partida (f)	**partenza** (f)	[par'tentsa]
chegada (f)	**arrivo** (m)	[ar'rivo]
chegar (~ de avião)	**arrivare** (vi)	[arri'vare]

hora (f) de partida	**ora** (f) **di partenza**	['ora di par'tentsa]
hora (f) de chegada	**ora** (f) **di arrivo**	['ora di ar'rivo]

estar atrasado	**essere ritardato**	['essere ritar'dato]
atraso (m) de voo	**volo** (m) **ritardato**	['volo ritar'dato]

painel (m) de informação	**tabellone** (m) **orari**	[tabel'lone o'rari]
informação (f)	**informazione** (f)	[informa'tsjone]
anunciar (vt)	**annunciare** (vt)	[annun'tʃare]
voo (m)	**volo** (m)	['volo]

alfândega (f)	**dogana** (f)	[do'gana]
funcionário (m) da alfândega	**doganiere** (m)	[doga'njere]

declaração (f) alfandegária	**dichiarazione** (f)	[dikjara'tsjone]
preencher (vt)	**riempire** (vt)	[riem'pire]
preencher a declaração	**riempire una dichiarazione**	[riem'pire 'una dikjara'tsjone]
controlo (m) de passaportes	**controllo** (m) **passaporti**	[kon'trollo passa'porti]

bagagem (f)	**bagaglio** (m)	[ba'gaʎʎo]
bagagem (f) de mão	**bagaglio** (m) **a mano**	[ba'gaʎʎo a 'mano]
carrinho (m)	**carrello** (m)	[kar'rello]

aterragem (f)	**atterraggio** (m)	[atter'radʒo]
pista (f) de aterragem	**pista** (f) **di atterraggio**	['pista di atter'radʒo]
aterrar (vi)	**atterrare** (vi)	[atter'rare]
escada (f) de avião	**scaletta** (f) **dell'aereo**	[ska'letta dell a'ereo]

check-in (m)	**check-in** (m)	[tʃek-in]
balcão (m) do check-in	**banco** (m) **del check-in**	['banko del tʃek-in]
fazer o check-in	**fare il check-in**	['fare il tʃek-in]
cartão (m) de embarque	**carta** (f) **d'imbarco**	['karta dim'barko]
porta (f) de embarque	**porta** (f) **d'imbarco**	['porta dim'barko]

trânsito (m)	**transito** (m)	['tranzito]
esperar (vi, vt)	**aspettare** (vt)	[aspet'tare]

sala (f) de espera	sala (f) d'attesa	['sala dat'teza]
despedir-se de ...	accompagnare (vt)	[akkompa'ɲare]
despedir-se (vr)	congedarsi (vr)	[kondʒe'darsi]

24. Avião

avião (m)	aereo (m)	[a'ereo]
bilhete (m) de avião	biglietto (m) aereo	[biʎ'ʎetto a'ereo]
companhia (f) aérea	compagnia (f) aerea	[kompa'ɲia a'erea]
aeroporto (m)	aeroporto (m)	[aero'porto]
supersónico	supersonico	[super'soniko]

comandante (m) do avião	comandante (m)	[koman'dante]
tripulação (f)	equipaggio (m)	[ekwi'padʒo]
piloto (m)	pilota (m)	[pi'lota]
hospedeira (f) de bordo	hostess (f)	['ostess]
copiloto (m)	navigatore (m)	[naviga'tore]

asas (f pl)	ali (f pl)	['ali]
cauda (f)	coda (f)	['koda]
cabine (f) de pilotagem	cabina (f)	[ka'bina]
motor (m)	motore (m)	[mo'tore]

| trem (m) de aterragem | carrello (m) d'atterraggio | [kar'rello datter'radʒo] |
| turbina (f) | turbina (f) | [tur'bina] |

| hélice (f) | elica (f) | ['elika] |
| caixa-preta (f) | scatola (f) nera | ['skatola 'nera] |

| coluna (f) de controlo | barra (f) di comando | ['barra di ko'mando] |
| combustível (m) | combustibile (m) | [kombu'stibile] |

instruções (f pl) de segurança	safety card (f)	['sejfti kard]
máscara (f) de oxigénio	maschera (f) ad ossigeno	['maskera ad os'sidʒeno]
uniforme (m)	uniforme (f)	[uni'forme]

| colete (m) salva-vidas | giubbotto (m) di salvataggio | [dʒub'botto di salva'tadʒo] |
| paraquedas (m) | paracadute (m) | [paraka'dute] |

descolagem (f)	decollo (m)	[de'kollo]
descolar (vi)	decollare (vi)	[dekol'lare]
pista (f) de descolagem	pista (f) di decollo	['pista di de'kollo]

| visibilidade (f) | visibilità (f) | [vizibili'ta] |
| voo (m) | volo (m) | ['volo] |

| altura (f) | altitudine (f) | [alti'tudine] |
| poço (m) de ar | vuoto (m) d'aria | [vu'oto 'daria] |

assento (m)	posto (m)	['posto]
auscultadores (m pl)	cuffia (f)	['kuffia]
mesa (f) rebatível	tavolinetto (m) pieghevole	[tavoli'netto pje'gevole]
vigia (f)	oblò (m), finestrino (m)	[ob'lo], [fine'strino]
passagem (f)	corridoio (m)	[korri'dojo]

25. Comboio

comboio (m)	treno (m)	['treno]
comboio (m) suburbano	elettrotreno (m)	[elettro'treno]
comboio (m) rápido	treno (m) rapido	['treno 'rapido]
locomotiva (f) diesel	locomotiva (f) diesel	[lokomo'tiva 'dizel]
locomotiva (f) a vapor	locomotiva (f) a vapore	[lokomo'tiva a va'pore]
carruagem (f)	carrozza (f)	[kar'rottsa]
carruagem restaurante (f)	vagone (m) ristorante	[va'gone risto'rante]
carris (m pl)	rotaie (f pl)	[ro'taje]
caminho de ferro (m)	ferrovia (f)	[ferro'via]
travessa (f)	traversa (f)	[tra'versa]
plataforma (f)	banchina (f)	[baŋ'kina]
linha (f)	binario (m)	[bi'nario]
semáforo (m)	semaforo (m)	[se'maforo]
estação (f)	stazione (f)	[sta'tsjone]
maquinista (m)	macchinista (m)	[makki'nista]
bagageiro (m)	portabagagli (m)	[porta·ba'gaʎʎi]
hospedeiro, -a (da carruagem)	cuccettista (m, f)	[kutʃet'tista]
passageiro (m)	passeggero (m)	[passe'dʒero]
revisor (m)	controllore (m)	[kontrol'lore]
corredor (m)	corridoio (m)	[korri'dojo]
freio (m) de emergência	freno (m) di emergenza	['freno di emer'dʒentsa]
compartimento (m)	scompartimento (m)	[skomparti'mento]
cama (f)	cuccetta (f)	[ku'tʃetta]
cama (f) de cima	cuccetta (f) superiore	[ku'tʃetta supe'rjore]
cama (f) de baixo	cuccetta (f) inferiore	[ku'tʃetta infe'rjore]
roupa (f) de cama	biancheria (f) da letto	[bjanke'ria da 'letto]
bilhete (m)	biglietto (m)	[biʎ'ʎetto]
horário (m)	orario (m)	[o'rario]
painel (m) de informação	tabellone (m) orari	[tabel'lone o'rari]
partir (vt)	partire (vi)	[par'tire]
partida (f)	partenza (f)	[par'tentsa]
chegar (vi)	arrivare (vi)	[arri'vare]
chegada (f)	arrivo (m)	[ar'rivo]
chegar de comboio	arrivare con il treno	[arri'vare kon il 'treno]
apanhar o comboio	salire sul treno	[sa'lire sul 'treno]
sair do comboio	scendere dal treno	['ʃendere dal 'treno]
acidente (m) ferroviário	deragliamento (m)	[deraʎʎa'mento]
descarrilar (vi)	deragliare (vi)	[deraʎ'ʎare]
locomotiva (f) a vapor	locomotiva (f) a vapore	[lokomo'tiva a va'pore]
fogueiro (m)	fuochista (m)	[fo'kista]
fornalha (f)	forno (m)	['forno]
carvão (m)	carbone (m)	[kar'bone]

26. Barco

navio (m)	nave (f)	['nave]
embarcação (f)	imbarcazione (f)	[imbarka'tsjone]
vapor (m)	piroscafo (m)	[pi'roskafo]
navio (m)	barca (f) fluviale	['barka flu'vjale]
transatlântico (m)	transatlantico (m)	[transat'lantiko]
cruzador (m)	incrociatore (m)	[inkrotʃa'tore]
iate (m)	yacht (m)	[jot]
rebocador (m)	rimorchiatore (m)	[rimorkja'tore]
barcaça (f)	chiatta (f)	['kjatta]
ferry (m)	traghetto (m)	[tra'getto]
veleiro (m)	veliero (m)	[ve'ljero]
bergantim (m)	brigantino (m)	[brigan'tino]
quebra-gelo (m)	rompighiaccio (m)	[rompi'gjatʃo]
submarino (m)	sottomarino (m)	[sottoma'rino]
bote, barco (m)	barca (f)	['barka]
bote, dingue (m)	scialuppa (f)	[ʃa'luppa]
bote (m) salva-vidas	scialuppa (f) di salvataggio	[ʃa'luppa di salva'tadʒo]
lancha (f)	motoscafo (m)	[moto'skafo]
capitão (m)	capitano (m)	[kapi'tano]
marinheiro (m)	marittimo (m)	[ma'rittimo]
marujo (m)	marinaio (m)	[mari'najo]
tripulação (f)	equipaggio (m)	[ekwi'padʒo]
contramestre (m)	nostromo (m)	[no'stromo]
grumete (m)	mozzo (m) di nave	['mottso di 'nave]
cozinheiro (m) de bordo	cuoco (m)	[ku'oko]
médico (m) de bordo	medico (m) di bordo	['mediko di 'bordo]
convés (m)	ponte (m)	['ponte]
mastro (m)	albero (m)	['albero]
vela (f)	vela (f)	['vela]
porão (m)	stiva (f)	['stiva]
proa (f)	prua (f)	['prua]
popa (f)	poppa (f)	['poppa]
remo (m)	remo (m)	['remo]
hélice (f)	elica (f)	['elika]
camarote (m)	cabina (f)	[ka'bina]
sala (f) dos oficiais	quadrato (m) degli ufficiali	[kwa'drato 'deʎʎi uffi'tʃali]
sala (f) das máquinas	sala (f) macchine	['sala 'makkine]
ponte (m) de comando	ponte (m) di comando	['ponte di ko'mando]
sala (f) de comunicações	cabina (f) radiotelegrafica	[ka'bina radiotele'grafika]
onda (f) de rádio	onda (f)	['onda]
diário (m) de bordo	giornale (m) di bordo	[dʒor'nale di 'bordo]
luneta (f)	cannocchiale (m)	[kannok'kjale]
sino (m)	campana (f)	[kam'pana]

bandeira (f)	**bandiera** (f)	[ban'djera]
cabo (m)	**cavo** (m) **d'ormeggio**	['kavo dor'medʒo]
nó (m)	**nodo** (m)	['nodo]
corrimão (m)	**ringhiera** (f)	[rin'gjera]
prancha (f) de embarque	**passerella** (f)	[passe'rella]
âncora (f)	**ancora** (f)	['ankora]
recolher a âncora	**levare l'ancora**	[le'vare 'lankora]
lançar a âncora	**gettare l'ancora**	[dʒet'tare 'lankora]
amarra (f)	**catena** (f) **dell'ancora**	[ka'tena dell 'ankora]
porto (m)	**porto** (m)	['porto]
cais, amarradouro (m)	**banchina** (f)	[baŋ'kina]
atracar (vi)	**ormeggiarsi** (vr)	[orme'dʒarsi]
desatracar (vi)	**salpare** (vi)	[sal'pare]
viagem (f)	**viaggio** (m)	['vjadʒo]
cruzeiro (m)	**crociera** (f)	[kro'tʃera]
rumo (m), rota (f)	**rotta** (f)	['rotta]
itinerário (m)	**itinerario** (m)	[itine'rario]
canal (m) navegável	**tratto** (m) **navigabile**	['tratto navi'gabile]
banco (m) de areia	**secca** (f)	['sekka]
encalhar (vt)	**arenarsi** (vr)	[are'narsi]
tempestade (f)	**tempesta** (f)	[tem'pesta]
sinal (m)	**segnale** (m)	[se'ɲale]
afundar-se (vr)	**affondare** (vi)	[affon'dare]
Homem ao mar!	**Uomo in mare!**	[u'omo in 'mare]
SOS	**SOS**	['esse o 'esse]
boia (f) salva-vidas	**salvagente** (m) **anulare**	[salva'dʒente anu'lare]

CIDADE

27. Transportes urbanos

autocarro (m)	autobus (m)	['autobus]
elétrico (m)	tram (m)	[tram]
troleicarro (m)	filobus (m)	['filobus]
itinerário (m)	itinerario (m)	[itine'rario]
número (m)	numero (m)	['numero]
ir de ... (carro, etc.)	andare in ...	[an'dare in]
entrar (~ no autocarro)	salire su ...	[sa'lire su]
descer de ...	scendere da ...	['ʃendere da]
paragem (f)	fermata (f)	[fer'mata]
próxima paragem (f)	prossima fermata (f)	['prossima fer'mata]
ponto (m) final	capolinea (m)	[kapo'linea]
horário (m)	orario (m)	[o'rario]
esperar (vt)	aspettare (vt)	[aspet'tare]
bilhete (m)	biglietto (m)	[biʎ'ʎetto]
custo (m) do bilhete	prezzo (m) del biglietto	['prettso del biʎ'ʎetto]
bilheteiro (m)	cassiere (m)	[kas'sjere]
controlo (m) dos bilhetes	controllo (m) dei biglietti	[kon'trollo dei biʎ'ʎeti]
revisor (m)	bigliettaio (m)	[biʎʎet'tajo]
atrasar-se (vr)	essere in ritardo	['essere in ri'tardo]
perder (o autocarro, etc.)	perdere (vt)	['perdere]
estar com pressa	avere fretta	[a'vere 'fretta]
táxi (m)	taxi (m)	['taksi]
taxista (m)	taxista (m)	[ta'ksista]
de táxi (ir ~)	in taxi	[in 'taksi]
praça (f) de táxis	parcheggio (m) di taxi	[par'kedʒo di 'taksi]
chamar um táxi	chiamare un taxi	[kja'mare un 'taksi]
apanhar um táxi	prendere un taxi	['prendere un 'taksi]
tráfego (m)	traffico (m)	['traffiko]
engarrafamento (m)	ingorgo (m)	[in'gorgo]
horas (f pl) de ponta	ore (f pl) di punta	['ore di 'punta]
estacionar (vi)	parcheggiarsi (vr)	[parke'dʒarsi]
estacionar (vt)	parcheggiare (vt)	[parke'dʒare]
parque (m) de estacionamento	parcheggio (m)	[par'kedʒo]
metro (m)	metropolitana (f)	[metropoli'tana]
estação (f)	stazione (f)	[sta'tsjone]
ir de metro	prendere la metropolitana	['prendere la metropoli'tana]
comboio (m)	treno (m)	['treno]
estação (f)	stazione (f) ferroviaria	[sta'tsjone ferro'vjaria]

28. Cidade. Vida na cidade

cidade (f)	città (f)	[ʧit'ta]
capital (f)	capitale (f)	[kapi'tale]
aldeia (f)	villaggio (m)	[vil'ladʒo]
mapa (m) da cidade	mappa (f) della città	['mappa 'della ʧit'ta]
centro (m) da cidade	centro (m) della città	['ʧentro 'della ʧit'ta]
subúrbio (m)	sobborgo (m)	[sob'borgo]
suburbano	suburbano	[subur'bano]
periferia (f)	periferia (f)	[perife'ria]
arredores (m pl)	dintorni (m pl)	[din'torni]
quarteirão (m)	isolato (m)	[izo'lato]
quarteirão (m) residencial	quartiere (m) residenziale	[kwar'tjere reziden'tsjale]
tráfego (m)	traffico (m)	['traffiko]
semáforo (m)	semaforo (m)	[se'maforo]
transporte (m) público	trasporti (m pl) urbani	[tras'porti ur'bani]
cruzamento (m)	incrocio (m)	[in'krotʃo]
passadeira (f)	passaggio (m) pedonale	[pas'sadʒo pedo'nale]
passagem (f) subterrânea	sottopassaggio (m)	[sotto·pas'sadʒo]
cruzar, atravessar (vt)	attraversare (vt)	[attraver'sare]
peão (m)	pedone (m)	[pe'done]
passeio (m)	marciapiede (m)	[marʧa'pjede]
ponte (f)	ponte (m)	['ponte]
margem (f) do rio	banchina (f)	[baŋ'kina]
fonte (f)	fontana (f)	[fon'tana]
alameda (f)	vialetto (m)	[via'letto]
parque (m)	parco (m)	['parko]
bulevar (m)	boulevard (m)	[bul'var]
praça (f)	piazza (f)	['pjattsa]
avenida (f)	viale (m), corso (m)	[vi'ale], ['korso]
rua (f)	via (f), strada (f)	['via], ['strada]
travessa (f)	vicolo (m)	['vikolo]
beco (m) sem saída	vicolo (m) cieco	['vikolo 'ʧjeko]
casa (f)	casa (f)	['kaza]
edifício, prédio (m)	edificio (m)	[edi'fiʧo]
arranha-céus (m)	grattacielo (m)	[gratta'ʧelo]
fachada (f)	facciata (f)	[fa'ʧata]
telhado (m)	tetto (m)	['tetto]
janela (f)	finestra (f)	[fi'nestra]
arco (m)	arco (m)	['arko]
coluna (f)	colonna (f)	[ko'lonna]
esquina (f)	angolo (m)	['angolo]
montra (f)	vetrina (f)	[ve'trina]
letreiro (m)	insegna (f)	[in'seɲa]
cartaz (m)	cartellone (m)	[kartel'lone]
cartaz (m) publicitário	cartellone (m) pubblicitario	[kartel'lone pubbliʧi'tario]

painel (m) publicitário	tabellone (m) pubblicitario	[tabel'lone pubbliʧi'tario]
lixo (m)	pattume (m), spazzatura (f)	[pat'tume], [spattsa'tura]
cesta (f) do lixo	pattumiera (f)	[pattu'mjera]
jogar lixo na rua	sporcare (vi)	[spor'kare]
aterro (m) sanitário	discarica (f) di rifiuti	[dis'karika di ri'fjuti]
cabine (f) telefónica	cabina (f) telefonica	[ka'bina tele'fonika]
candeeiro (m) de rua	lampione (m)	[lam'pjone]
banco (m)	panchina (f)	[paŋ'kina]
polícia (m)	poliziotto (m)	[poli'tsjotto]
polícia (instituição)	polizia (f)	[poli'tsia]
mendigo (m)	mendicante (m)	[mendi'kante]
sem-abrigo (m)	barbone (m)	[bar'bone]

29. Instituições urbanas

loja (f)	negozio (m)	[ne'gotsio]
farmácia (f)	farmacia (f)	[farma'ʧia]
ótica (f)	ottica (f)	['ottika]
centro (m) comercial	centro (m) commerciale	['ʧentro kommer'ʧale]
supermercado (m)	supermercato (m)	[supermer'kato]
padaria (f)	panetteria (f)	[panette'ria]
padeiro (m)	fornaio (m)	[for'najo]
pastelaria (f)	pasticceria (f)	[pastiʧe'ria]
mercearia (f)	drogheria (f)	[droge'ria]
talho (m)	macelleria (f)	[maʧelle'ria]
loja (f) de legumes	fruttivendolo (m)	[frutti'vendolo]
mercado (m)	mercato (m)	[mer'kato]
café (m)	caffè (m)	[kaf'fe]
restaurante (m)	ristorante (m)	[risto'rante]
bar (m), cervejaria (f)	birreria (f), pub (m)	[birre'ria], [pab]
pizzaria (f)	pizzeria (f)	[pittse'ria]
salão (m) de cabeleireiro	salone (m) di parrucchiere	[sa'lone di parruk'kjere]
correios (m pl)	ufficio (m) postale	[uf'fiʧo po'stale]
lavandaria (f)	lavanderia (f) a secco	[lavande'ria a 'sekko]
estúdio (m) fotográfico	studio (m) fotografico	['studio foto'grafiko]
sapataria (f)	negozio (m) di scarpe	[ne'gotsio di 'skarpe]
livraria (f)	libreria (f)	[libre'ria]
loja (f) de artigos de desporto	negozio (m) sportivo	[ne'gotsio spor'tivo]
reparação (f) de roupa	riparazione (f) di abiti	[ripara'tsjone di 'abiti]
aluguer (m) de roupa	noleggio (m) di abiti	[no'leʤo di 'abiti]
aluguer (m) de filmes	noleggio (m) di film	[no'leʤo di film]
circo (m)	circo (m)	['ʧirko]
jardim (m) zoológico	zoo (m)	['dzoo]
cinema (m)	cinema (m)	['ʧinema]
museu (m)	museo (m)	[mu'zeo]

biblioteca (f)	biblioteca (f)	[biblio'teka]
teatro (m)	teatro (m)	[te'atro]
ópera (f)	teatro (m) dell'opera	[te'atro dell 'opera]
clube (m) noturno	locale notturno (m)	[lo'kale not'turno]
casino (m)	casinò (m)	[kazi'no]
mesquita (f)	moschea (f)	[mos'kea]
sinagoga (f)	sinagoga (f)	[sina'goga]
catedral (f)	cattedrale (f)	[katte'drale]
templo (m)	tempio (m)	['tempjo]
igreja (f)	chiesa (f)	['kjeza]
instituto (m)	istituto (m)	[isti'tuto]
universidade (f)	università (f)	[universi'ta]
escola (f)	scuola (f)	['skwola]
prefeitura (f)	prefettura (f)	[prefet'tura]
câmara (f) municipal	municipio (m)	[muni'tʃipio]
hotel (m)	albergo (m)	[al'bergo]
banco (m)	banca (f)	['banka]
embaixada (f)	ambasciata (f)	[amba'ʃata]
agência (f) de viagens	agenzia (f) di viaggi	[adʒen'tsia di 'vjadʒi]
agência (f) de informações	ufficio (m) informazioni	[uf'fitʃo informa'tsjoni]
casa (f) de câmbio	ufficio (m) dei cambi	[uf'fitʃo dei 'kambi]
metro (m)	metropolitana (f)	[metropoli'tana]
hospital (m)	ospedale (m)	[ospe'dale]
posto (m) de gasolina	distributore (m) di benzina	[distribu'tore di ben'dzina]
parque (m) de estacionamento	parcheggio (m)	[par'kedʒo]

30. Sinais

letreiro (m)	insegna (f)	[in'seɲa]
inscrição (f)	iscrizione (f)	[iskri'tsjone]
cartaz, póster (m)	cartellone (m)	[kartel'lone]
sinal (m) informativo	segnale (m) di direzione	[se'ɲale di dire'tsjone]
seta (f)	freccia (f)	['fretʃa]
aviso (advertência)	avvertimento (m)	[avverti'mento]
sinal (m) de aviso	avvertimento (m)	[avverti'mento]
avisar, advertir (vt)	avvertire (vt)	[avver'tire]
dia (m) de folga	giorno (m) di riposo	['dʒorno di ri'pozo]
horário (m)	orario (m)	[o'rario]
horário (m) de funcionamento	orario (m) di apertura	[o'rario di aper'tura]
BEM-VINDOS!	BENVENUTI!	[benve'nuti]
ENTRADA	ENTRATA	[en'trata]
SAÍDA	USCITA	[u'ʃita]
EMPURRE	SPINGERE	['spindʒere]
PUXE	TIRARE	[ti'rare]

| ABERTO | APERTO | [a'perto] |
| FECHADO | CHIUSO | ['kjuzo] |

| MULHER | DONNE | ['donne] |
| HOMEM | UOMINI | [u'omini] |

DESCONTOS	SCONTI	['skonti]
SALDOS	SALDI	['saldi]
NOVIDADE!	NOVITÀ!	[novi'ta]
GRÁTIS	GRATIS	['gratis]

ATENÇÃO!	ATTENZIONE!	[atten'tsjone]
NÃO HÁ VAGAS	COMPLETO	[kom'pleto]
RESERVADO	RISERVATO	[rizer'vato]

ADMINISTRAÇÃO	AMMINISTRAZIONE	[amministra'tsjone]
SOMENTE PESSOAL	RISERVATO	[rizer'vato
AUTORIZADO	AL PERSONALE	al perso'nale]

CUIDADO CÃO FEROZ	ATTENTI AL CANE	[at'tenti al 'kane]
PROIBIDO FUMAR!	VIETATO FUMARE!	[vje'tato fu'mare]
NÃO TOCAR	NON TOCCARE	[non tok'kare]

PERIGOSO	PERICOLOSO	[periko'lozo]
PERIGO	PERICOLO	[pe'rikolo]
ALTA TENSÃO	ALTA TENSIONE	['alta ten'sjone]
PROIBIDO NADAR	DIVIETO DI BALNEAZIONE	[di'vjeto di balnea'tsjone]
AVARIADO	GUASTO	['gwasto]

INFLAMÁVEL	INFIAMMABILE	[infjam'mabile]
PROIBIDO	VIETATO	[vje'tato]
ENTRADA PROIBIDA	VIETATO L'INGRESSO	[vje'tato lin'greso]
CUIDADO TINTA FRESCA	VERNICE FRESCA	[ver'nitʃe 'freska]

31. Compras

comprar (vt)	comprare (vt)	[kom'prare]
compra (f)	acquisto (m)	[a'kwisto]
fazer compras	fare acquisti	['fare a'kwisti]
compras (f pl)	shopping (m)	['ʃopping]

| estar aberta (loja, etc.) | essere aperto | ['essere a'perto] |
| estar fechada | essere chiuso | ['essere 'kjuzo] |

calçado (m)	calzature (f pl)	[kaltsa'ture]
roupa (f)	abbigliamento (m)	[abbiʎʎa'mento]
cosméticos (m pl)	cosmetica (f)	[ko'zmetika]
alimentos (m pl)	alimentari (m pl)	[alimen'tari]
presente (m)	regalo (m)	[re'galo]

vendedor (m)	commesso (m)	[kom'messo]
vendedora (f)	commessa (f)	[kom'messa]
caixa (f)	cassa (f)	['kassa]
espelho (m)	specchio (m)	['spekkio]

balcão (m)	banco (m)	['banko]
cabine (f) de provas	camerino (m)	[kame'rino]
provar (vt)	provare (vt)	[pro'vare]
servir (vi)	stare bene	['stare 'bene]
gostar (apreciar)	piacere (vi)	[pja'tʃere]
preço (m)	prezzo (m)	['prettso]
etiqueta (f) de preço	etichetta (f) del prezzo	[eti'ketta del 'prettso]
custar (vt)	costare (vt)	[ko'stare]
Quanto?	Quanto?	['kwanto]
desconto (m)	sconto (m)	['skonto]
não caro	no muy caro	[no muj 'karo]
barato	a buon mercato	[a bu'on mer'kato]
caro	caro	['karo]
É caro	È caro	[e 'karo]
aluguer (m)	noleggio (m)	[no'ledʒo]
alugar (vestidos, etc.)	noleggiare (vt)	[nole'dʒare]
crédito (m)	credito (m)	['kredito]
a crédito	a credito	[a 'kredito]

VESTUÁRIO & ACESSÓRIOS

32. Roupa exterior. Casacos

roupa (f)	**vestiti** (m pl)	[ve'stiti]
roupa (f) exterior	**soprabito** (m)	[so'prabito]
roupa (f) de inverno	**abiti** (m pl) **invernali**	['abiti inver'nali]
sobretudo (m)	**cappotto** (m)	[kap'potto]
casaco (m) de peles	**pelliccia** (f)	[pel'litʃa]
casaco curto (m) de peles	**pellicciotto** (m)	[pelli'tʃotto]
casaco (m) acolchoado	**piumino** (m)	[pju'mino]
casaco, blusão (m)	**giubbotto** (m), **giaccha** (f)	[dʒub'botto], ['dʒakka]
impermeável (m)	**impermeabile** (m)	[imperme'abile]
impermeável	**impermeabile**	[imperme'abile]

33. Vestuário de homem & mulher

camisa (f)	**camicia** (f)	[ka'mitʃa]
calças (f pl)	**pantaloni** (m pl)	[panta'loni]
calças (f pl) de ganga	**jeans** (m pl)	['dʒins]
casaco (m) de fato	**giacca** (f)	['dʒakka]
fato (m)	**abito** (m) **da uomo**	['abito da u'omo]
vestido (ex. ~ vermelho)	**abito** (m)	['abito]
saia (f)	**gonna** (f)	['gonna]
blusa (f)	**camicetta** (f)	[kami'tʃetta]
casaco (m) de malha	**giacca** (f) **a maglia**	['dʒakka a 'maʎʎa]
casaco, blazer (m)	**giacca** (f) **tailleur**	['dʒakka ta'jer]
T-shirt, camiseta (f)	**maglietta** (f)	[maʎ'ʎetta]
calções (Bermudas, etc.)	**pantaloni** (m pl) **corti**	[panta'loni 'korti]
fato (m) de treino	**tuta** (f) **sportiva**	['tuta spor'tiva]
roupão (m) de banho	**accappatoio** (m)	[akkappa'tojo]
pijama (m)	**pigiama** (m)	[pi'dʒama]
suéter (m)	**maglione** (m)	[maʎ'ʎone]
pulôver (m)	**pullover** (m)	[pul'lover]
colete (m)	**gilè** (m)	[dʒi'le]
fraque (m)	**frac** (m)	[frak]
smoking (m)	**smoking** (m)	['zmoking]
uniforme (m)	**uniforme** (f)	[uni'forme]
roupa (f) de trabalho	**tuta** (f) **da lavoro**	['tuta da la'voro]
fato-macaco (m)	**salopette** (f)	[salo'pett]
bata (~ branca, etc.)	**camice** (m)	[ka'mitʃe]

34. Vestuário. Roupa interior

roupa (f) interior	intimo (m)	['intimo]
cuecas boxer (f pl)	boxer briefs (m)	['bokser brifs]
cuecas (f pl)	mutandina (f)	[mutan'dina]
camisola (f) interior	maglietta (f) intima	[maʎ'ʎetta 'intima]
peúgas (f pl)	calzini (m pl)	[kal'tsini]
camisa (f) de noite	camicia (f) da notte	[ka'mitʃa da 'notte]
sutiã (m)	reggiseno (m)	[redʒi'seno]
meias longas (f pl)	calzini (m pl) alti	[kal'tsini 'alti]
meia-calça (f)	collant (m)	[kol'lant]
meias (f pl)	calze (f pl)	['kaltse]
fato (m) de banho	costume (m) da bagno	[ko'stume da 'baɲo]

35. Adereços de cabeça

chapéu (m)	cappello (m)	[kap'pello]
chapéu (m) de feltro	cappello (m) di feltro	[kap'pello di feltro]
boné (m) de beisebol	cappello (m) da baseball	[kap'pello da 'bejzbol]
boné (m)	coppola (f)	['koppola]
boina (f)	basco (m)	['basko]
capuz (m)	cappuccio (m)	[kap'putʃo]
panamá (m)	panama (m)	['panama]
gorro (m) de malha	berretto (m) a maglia	[ber'retto a 'maʎʎa]
lenço (m)	fazzoletto (m) da capo	[fattso'letto da 'kapo]
chapéu (m) de mulher	cappellino (m) donna	[kappel'lino 'donna]
capacete (m) de proteção	casco (m)	['kasko]
bibico (m)	bustina (f)	[bu'stina]
capacete (m)	casco (m)	['kasko]
chapéu-coco (m)	bombetta (f)	[bom'betta]
chapéu (m) alto	cilindro (m)	[tʃi'lindro]

36. Calçado

calçado (m)	calzature (f pl)	[kaltsa'ture]
botinas (f pl)	stivaletti (m pl)	[stiva'letti]
sapatos (de salto alto, etc.)	scarpe (f pl)	['skarpe]
botas (f pl)	stivali (m pl)	[sti'vali]
pantufas (f pl)	pantofole (f pl)	[pan'tofole]
ténis (m pl)	scarpe (f pl) da tennis	['skarpe da 'tennis]
sapatilhas (f pl)	scarpe (f pl) da ginnastica	['skarpe da dʒin'nastika]
sandálias (f pl)	sandali (m pl)	['sandali]
sapateiro (m)	calzolaio (m)	[kaltso'lajo]
salto (m)	tacco (m)	['takko]

par (m)	paio (m)	['pajo]
atacador (m)	laccio (m)	['latʃo]
apertar os atacadores	allacciare (vt)	[ala'tʃare]
calçadeira (f)	calzascarpe (m)	[kaltsa'skarpe]
graxa (f) para calçado	lucido (m) per le scarpe	['lutʃido per le 'skarpe]

37. Acessórios pessoais

luvas (f pl)	guanti (m pl)	['gwanti]
mitenes (f pl)	manopole (f pl)	[ma'nopole]
cachecol (m)	sciarpa (f)	['ʃarpa]
óculos (m pl)	occhiali (m pl)	[ok'kjali]
armação (f) de óculos	montatura (f)	[monta'tura]
guarda-chuva (m)	ombrello (m)	[om'brello]
bengala (f)	bastone (m)	[ba'stone]
escova (f) para o cabelo	spazzola (f) per capelli	['spattsola per ka'pelli]
leque (m)	ventaglio (m)	[ven'taʎʎo]
gravata (f)	cravatta (f)	[kra'vatta]
gravata-borboleta (f)	cravatta (f) a farfalla	[kra'vatta a far'falla]
suspensórios (m pl)	bretelle (f pl)	[bre'telle]
lenço (m)	fazzoletto (m)	[fattso'letto]
pente (m)	pettine (m)	['pettine]
travessão (m)	fermaglio (m)	[fer'maʎʎo]
gancho (m) de cabelo	forcina (f)	[for'tʃina]
fivela (f)	fibbia (f)	['fibbia]
cinto (m)	cintura (f)	[tʃin'tura]
correia (f)	spallina (f)	[spal'lina]
mala (f)	borsa (f)	['borsa]
mala (f) de senhora	borsetta (f)	[bor'setta]
mochila (f)	zaino (m)	['dzajno]

38. Vestuário. Diversos

moda (f)	moda (f)	['moda]
na moda	di moda	[di 'moda]
estilista (m)	stilista (m)	[sti'lista]
colarinho (m), gola (f)	collo (m)	['kollo]
bolso (m)	tasca (f)	['taska]
de bolso	tascabile	[ta'skabile]
manga (f)	manica (f)	['manika]
alcinha (f)	asola (f) per appendere	['azola per ap'pendere]
braguilha (f)	patta (f)	['patta]
fecho (m) de correr	cerniera (f) lampo	[tʃer'njera 'lampo]
fecho (m), colchete (m)	chiusura (f)	[kju'zura]
botão (m)	bottone (m)	[bot'tone]

casa (f) de botão	occhiello (m)	[ok'kjello]
soltar-se (vr)	staccarsi (vr)	[stak'karsi]

coser, costurar (vi)	cucire (vi, vt)	[ku'tʃire]
bordar (vt)	ricamare (vi, vt)	[rika'mare]
bordado (m)	ricamo (m)	[ri'kamo]
agulha (f)	ago (m)	['ago]
fio (m)	filo (m)	['filo]
costura (f)	cucitura (f)	[kutʃi'tura]

sujar-se (vr)	sporcarsi (vr)	[spor'karsi]
mancha (f)	macchia (f)	['makkia]
engelhar-se (vr)	sgualcirsi (vr)	[zgwal'tʃirsi]
rasgar (vt)	strappare (vt)	[strap'pare]
traça (f)	tarma (f)	['tarma]

39. Cuidados pessoais. Cosméticos

pasta (f) de dentes	dentifricio (m)	[denti'fritʃo]
escova (f) de dentes	spazzolino (m) da denti	[spatso'lino da 'denti]
escovar os dentes	lavarsi i denti	[la'varsi i 'denti]

máquina (f) de barbear	rasoio (m)	[ra'zojo]
creme (m) de barbear	crema (f) da barba	['krema da 'barba]
barbear-se (vr)	rasarsi (vr)	[ra'zarsi]

sabonete (m)	sapone (m)	[sa'pone]
champô (m)	shampoo (m)	['ʃampo]

tesoura (f)	forbici (f pl)	['forbitʃi]
lima (f) de unhas	limetta (f)	[li'metta]
corta-unhas (m)	tagliaunghie (m)	[taʎʎa'ungje]
pinça (f)	pinzette (f pl)	[pin'tsette]

cosméticos (m pl)	cosmetica (f)	[ko'zmetika]
máscara (f) facial	maschera (f) di bellezza	['maskera di bel'lettsa]
manicura (f)	manicure (m)	[mani'kure]
fazer a manicura	fare la manicure	['fare la mani'kure]
pedicure (f)	pedicure (m)	[pedi'kure]

mala (f) de maquilhagem	borsa (f) del trucco	['borsa del 'trukko]
pó (m)	cipria (f)	['tʃipria]
caixa (f) de pó	portacipria (m)	[porta·'tʃipria]
blush (m)	fard (m)	[far]

perfume (m)	profumo (m)	[pro'fumo]
água (f) de toilette	acqua (f) da toeletta	['akwa da toe'letta]
loção (f)	lozione (f)	[lo'tsjone]
água-de-colónia (f)	acqua (f) di Colonia	['akwa di ko'lonia]

sombra (f) de olhos	ombretto (m)	[om'bretto]
lápis (m) delineador	eyeliner (m)	[aj'lajner]
máscara (f), rímel (m)	mascara (m)	[ma'skara]
batom (m)	rossetto (m)	[ros'setto]

verniz (m) de unhas	smalto (m)	['zmalto]
laca (f) para cabelos	lacca (f) per capelli	['lakka per ka'pelli]
desodorizante (m)	deodorante (m)	[deodo'rante]

creme (m)	crema (f)	['krema]
creme (m) de rosto	crema (f) per il viso	['krema per il 'vizo]
creme (m) de mãos	crema (f) per le mani	['krema per le 'mani]
creme (m) antirrugas	crema (f) antirughe	['krema anti'ruge]
creme (m) de dia	crema (f) da giorno	['krema da 'dʒorno]
creme (m) de noite	crema (f) da notte	['krema da 'notte]
de dia	da giorno	[da 'dʒorno]
da noite	da notte	[da 'notte]

tampão (m)	tampone (m)	[tam'pone]
papel (m) higiénico	carta (f) igienica	['karta i'dʒenika]
secador (m) elétrico	fon (m)	[fon]

40. Relógios de pulso. Relógios

relógio (m) de pulso	orologio (m)	[oro'lodʒo]
mostrador (m)	quadrante (m)	[kwa'drante]
ponteiro (m)	lancetta (f)	[lan'tʃetta]
bracelete (f) em aço	braccialetto (m)	[bratʃa'letto]
bracelete (f) em couro	cinturino (m)	[tʃintu'rino]

pilha (f)	pila (f)	['pila]
descarregar-se	essere scarico	['essere 'skariko]
trocar a pilha	cambiare la pila	[kam'bjare la 'pila]
estar adiantado	andare avanti	[an'dare a'vanti]
estar atrasado	andare indietro	[an'dare in'djetro]

relógio (m) de parede	orologio (m) da muro	[oro'lodʒo da 'muro]
ampulheta (f)	clessidra (f)	['klessidra]
relógio (m) de sol	orologio (m) solare	[oro'lodʒo so'lare]
despertador (m)	sveglia (f)	['zveʎʎa]
relojoeiro (m)	orologiaio (m)	[orolo'dʒajo]
reparar (vt)	riparare (vt)	[ripa'rare]

EXPERIÊNCIA DO QUOTIDIANO

41. Dinheiro

dinheiro (m)	soldi (m pl)	['soldi]
câmbio (m)	cambio (m)	['kambio]
taxa (f) de câmbio	corso (m) di cambio	['korso di 'kambio]
Caixa Multibanco (m)	bancomat (m)	['bankomat]
moeda (f)	moneta (f)	[mo'neta]
dólar (m)	dollaro (m)	['dollaro]
euro (m)	euro (m)	['euro]
lira (f)	lira (f)	['lira]
marco (m)	marco (m)	['marko]
franco (m)	franco (m)	['franko]
libra (f) esterlina	sterlina (f)	[ster'lina]
iene (m)	yen (m)	[jen]
dívida (f)	debito (m)	['debito]
devedor (m)	debitore (m)	[debi'tore]
emprestar (vt)	prestare (vt)	[pre'stare]
pedir emprestado	prendere in prestito	['prendere in 'prestito]
banco (m)	banca (f)	['banka]
conta (f)	conto (m)	['konto]
depositar na conta	versare sul conto	[ver'sare sul 'konto]
levantar (vt)	prelevare dal conto	[prele'vare dal 'konto]
cartão (m) de crédito	carta (f) di credito	['karta di 'kredito]
dinheiro (m) vivo	contanti (m pl)	[kon'tanti]
cheque (m)	assegno (m)	[as'seɲo]
passar um cheque	emettere un assegno	[e'mettere un as'seɲo]
livro (m) de cheques	libretto (m) di assegni	[li'bretto di as'seɲi]
carteira (f)	portafoglio (m)	[porta·'foʎʎo]
porta-moedas (m)	borsellino (m)	[borsel'lino]
cofre (m)	cassaforte (f)	[kassa'forte]
herdeiro (m)	erede (m)	[e'rede]
herança (f)	eredità (f)	[eredi'ta]
fortuna (riqueza)	fortuna (f)	[for'tuna]
arrendamento (m)	affitto (m)	[af'fitto]
renda (f) de casa	affitto (m)	[af'fitto]
alugar (vt)	affittare (vt)	[affit'tare]
preço (m)	prezzo (m)	['prettso]
custo (m)	costo (m), prezzo (m)	['kosto], ['prettso]
soma (f)	somma (f)	['somma]

gastar (vt)	spendere (vt)	['spendere]
gastos (m pl)	spese (f pl)	['speze]
economizar (vi)	economizzare (vi, vt)	[ekonomid'dzare]
económico	economico	[eko'nomiko]
pagar (vt)	pagare (vi, vt)	[pa'gare]
pagamento (m)	pagamento (m)	[paga'mento]
troco (m)	resto (m)	['resto]
imposto (m)	imposta (f)	[im'posta]
multa (f)	multa (f), ammenda (f)	['multa], [am'menda]
multar (vt)	multare (vt)	[mul'tare]

42. Correios. Serviço postal

correios (m pl)	posta (f), ufficio (m) postale	['posta], [uf'fitʃo po'stale]
correio (m)	posta (f)	['posta]
carteiro (m)	postino (m)	[po'stino]
horário (m)	orario (m) di apertura	[o'rario di aper'tura]
carta (f)	lettera (f)	['lettera]
carta (f) registada	raccomandata (f)	[rakkoman'data]
postal (m)	cartolina (f)	[karto'lina]
telegrama (m)	telegramma (m)	[tele'gramma]
encomenda (f) postal	pacco (m) postale	['pakko po'stale]
remessa (f) de dinheiro	vaglia (m) postale	['vaʎʎa po'stale]
receber (vt)	ricevere (vt)	[ri'tʃevere]
enviar (vt)	spedire (vt)	[spe'dire]
envio (m)	invio (m)	[in'vio]
endereço (m)	indirizzo (m)	[indi'rittso]
código (m) postal	codice (m) postale	['koditʃe po'stale]
remetente (m)	mittente (m)	[mit'tente]
destinatário (m)	destinatario (m)	[destina'tario]
nome (m)	nome (m)	['nome]
apelido (m)	cognome (m)	[ko'ɲome]
tarifa (f)	tariffa (f)	[ta'riffa]
ordinário	ordinario	[ordi'nario]
económico	standard	['standar]
peso (m)	peso (m)	['pezo]
pesar (estabelecer o peso)	pesare (vt)	[pe'zare]
envelope (m)	busta (f)	['busta]
selo (m)	francobollo (m)	[franko'bollo]

43. Banca

banco (m)	banca (f)	['banka]
sucursal, balcão (f)	filiale (f)	[fi'ljale]

consultor (m)	consulente (m)	[konsu'lente]
gerente (m)	direttore (m)	[diret'tore]
conta (f)	conto (m) bancario	['konto ban'kario]
número (m) da conta	numero (m) del conto	['numero del 'konto]
conta (f) corrente	conto (m) corrente	['konto kor'rente]
conta (f) poupança	conto (m) di risparmio	['konto di ris'parmio]
abrir uma conta	aprire un conto	[a'prire un 'konto]
fechar uma conta	chiudere il conto	['kjudere il 'konto]
depositar na conta	versare sul conto	[ver'sare sul 'konto]
levantar (vt)	prelevare dal conto	[prele'vare dal 'konto]
depósito (m)	deposito (m)	[de'pozito]
fazer um depósito	depositare (vt)	[depozi'tare]
transferência (f) bancária	trasferimento (m) telegrafico	[trasferi'mento tele'grafiko]
transferir (vt)	rimettere i soldi	[ri'mettere i 'soldi]
soma (f)	somma (f)	['somma]
Quanto?	Quanto?	['kwanto]
assinatura (f)	firma (f)	['firma]
assinar (vt)	firmare (vt)	[fir'mare]
cartão (m) de crédito	carta (f) di credito	['karta di 'kredito]
código (m)	codice (m)	['koditʃe]
número (m)	numero (m)	['numero
do cartão de crédito	della carta di credito	'della 'karta di 'kredito]
Caixa Multibanco (m)	bancomat (m)	['bankomat]
cheque (m)	assegno (m)	[as'seɲo]
passar um cheque	emettere un assegno	[e'mettere un as'seɲo]
livro (m) de cheques	libretto (m) di assegni	[li'bretto di as'seɲi]
empréstimo (m)	prestito (m)	['prestito]
pedir um empréstimo	fare domanda	['fare do'manda
	per un prestito	per un 'prestito]
obter um empréstimo	ottenere un prestito	[otte'nere un 'prestito]
conceder um empréstimo	concedere un prestito	[kon'tʃedere un 'prestito]
garantia (f)	garanzia (f)	[garan'tsia]

44. Telefone. Conversação telefónica

telefone (m)	telefono (m)	[te'lefono]
telemóvel (m)	telefonino (m)	[telefo'nino]
secretária (f) electrónica	segreteria (f) telefonica	[segrete'ria tele'fonika]
fazer uma chamada	telefonare (vi, vt)	[telefo'nare]
chamada (f)	chiamata (f)	[kja'mata]
marcar um número	comporre un numero	[kom'porre un 'numero]
Alô!	Pronto!	['pronto]
perguntar (vt)	chiedere, domandare	['kjedere], [doman'dare]
responder (vt)	rispondere (vi, vt)	[ris'pondere]

ouvir (vt)	**udire, sentire** (vt)	[u'dire], [sen'tire]
bem	**bene**	['bene]
mal	**male**	['male]
ruído (m)	**disturbi** (m pl)	[di'sturbi]

auscultador (m)	**cornetta** (f)	[kor'netta]
pegar o telefone	**alzare la cornetta**	[al'tsare la kor'netta]
desligar (vi)	**riattaccare la cornetta**	[riattak'kare la kor'netta]

ocupado	**occupato**	[okku'pato]
tocar (vi)	**squillare** (vi)	[skwil'lare]
lista (f) telefónica	**elenco** (m) **telefonico**	[e'lenko tele'foniko]

local	**locale**	[lo'kale]
chamada (f) local	**chiamata** (f) **locale**	[kja'mata lo'kale]
de longa distância	**interurbano**	[interur'bano]
chamada (f) de longa distância	**chiamata** (f) **interurbana**	[kja'mata interur'bana]
internacional	**internazionale**	[internatsjo'nale]
chamada (f) internacional	**chiamata** (f) **internazionale**	[kja'mata internatsjo'nale]

45. Telefone móvel

telemóvel (m)	**telefonino** (m)	[telefo'nino]
ecrã (m)	**schermo** (m)	['skermo]
botão (m)	**tasto** (m)	['tasto]
cartão SIM (m)	**scheda SIM** (f)	['skeda 'sim]

bateria (f)	**pila** (f)	['pila]
descarregar-se	**essere scarico**	['essere 'skariko]
carregador (m)	**caricabatteria** (m)	[karika·batte'ria]

menu (m)	**menù** (m)	[me'nu]
definições (f pl)	**impostazioni** (f pl)	[imposta'tsjoni]
melodia (f)	**melodia** (f)	[melo'dia]
escolher (vt)	**scegliere** (vt)	['ʃeʎʎere]

calculadora (f)	**calcolatrice** (f)	[kalkola'tritʃe]
correio (m) de voz	**segreteria** (f) **telefonica**	[segrete'ria tele'fonika]
despertador (m)	**sveglia** (f)	['zveʎʎa]
contatos (m pl)	**contatti** (m pl)	[kon'tatti]

mensagem (f) de texto	**messaggio** (m) **SMS**	[mes'sadʒo ese'mese]
assinante (m)	**abbonato** (m)	[abbo'nato]

46. Estacionário

caneta (f)	**penna** (f) **a sfera**	[penna a 'sfera]
caneta (f) tinteiro	**penna** (f) **stilografica**	['penna stilo'grafika]

lápis (m)	**matita** (f)	[ma'tita]
marcador (m)	**evidenziatore** (m)	[evidentsja'tore]

caneta (f) de feltro	**pennarello** (m)	[penna'rello]
bloco (m) de notas	**taccuino** (m)	[tak'kwino]
agenda (f)	**agenda** (f)	[a'dʒenda]
régua (f)	**righello** (m)	[ri'gello]
calculadora (f)	**calcolatrice** (f)	[kalkola'tritʃe]
borracha (f)	**gomma** (f) **per cancellare**	['gomma per kantʃel'lare]
pionés (m)	**puntina** (f)	[pun'tina]
clipe (m)	**graffetta** (f)	[graf'fetta]
cola (f)	**colla** (f)	['kolla]
agrafador (m)	**pinzatrice** (f)	[pintsa'tritʃe]
furador (m)	**perforatrice** (f)	[perfora'tritʃe]
afia-lápis (m)	**temperamatite** (m)	[temperama'tite]

47. Línguas estrangeiras

língua (f)	**lingua** (f)	['lingua]
estrangeiro	**straniero**	[stra'njero]
língua (f) estrangeira	**lingua** (f) **straniera**	['lingua stra'njera]
estudar (vt)	**studiare** (vt)	[stu'djare]
aprender (vt)	**imparare** (vt)	[impa'rare]
ler (vt)	**leggere** (vi, vt)	['ledʒere]
falar (vi)	**parlare** (vi, vt)	[par'lare]
compreender (vt)	**capire** (vt)	[ka'pire]
escrever (vt)	**scrivere** (vi, vt)	['skrivere]
rapidamente	**rapidamente**	[rapida'mente]
devagar	**lentamente**	[lenta'mente]
fluentemente	**correntemente**	[korrente'mente]
regras (f pl)	**regole** (f pl)	['regole]
gramática (f)	**grammatica** (f)	[gram'matika]
vocabulário (m)	**lessico** (m)	['lessiko]
fonética (f)	**fonetica** (f)	[fo'netika]
manual (m) escolar	**manuale** (m)	[manu'ale]
dicionário (m)	**dizionario** (m)	[ditsjo'nario]
manual (m) de autoaprendizagem	**manuale** (m) **autodidattico**	[manu'ale autodi'dattiko]
guia (m) de conversação	**frasario** (m)	[fra'zario]
cassete (f)	**cassetta** (f)	[kas'setta]
vídeo cassete (m)	**videocassetta** (f)	[video·kas'setta]
CD (m)	**CD** (m)	[tʃi'di]
DVD (m)	**DVD** (m)	[divu'di]
alfabeto (m)	**alfabeto** (m)	[alfa'beto]
soletrar (vt)	**compitare** (vt)	[kompi'tare]
pronúncia (f)	**pronuncia** (f)	[pro'nuntʃa]
sotaque (m)	**accento** (m)	[a'tʃento]
com sotaque	**con un accento**	[kon un a'tʃento]

sem sotaque	senza accento	['sentsa a'tʃento]
palavra (f)	vocabolo (m)	[vo'kabolo]
sentido (m)	significato (m)	[siɲifi'kato]

cursos (m pl)	corso (m)	['korso]
inscrever-se (vr)	iscriversi (vr)	[is'kriversi]
professor (m)	insegnante (m, f)	[inse'ɲante]

tradução (processo)	traduzione (f)	[tradu'tsjone]
tradução (texto)	traduzione (f)	[tradu'tsjone]
tradutor (m)	traduttore (m)	[tradut'tore]
intérprete (m)	interprete (m)	[in'terprete]

| poliglota (m) | poliglotta (m) | [poli'glotta] |
| memória (f) | memoria (f) | [me'moria] |

REFEIÇÕES. RESTAURANTE

48. Por a mesa

colher (f)	cucchiaio (m)	[kuk'kjajo]
faca (f)	coltello (m)	[kol'tello]
garfo (m)	forchetta (f)	[for'ketta]
chávena (f)	tazza (f)	['tattsa]
prato (m)	piatto (m)	['pjatto]
pires (m)	piattino (m)	[pjat'tino]
guardanapo (m)	tovagliolo (m)	[tovaʎ'ʎolo]
palito (m)	stuzzicadenti (m)	[stuttsika'denti]

49. Restaurante

restaurante (m)	ristorante (m)	[risto'rante]
café (m)	caffè (m)	[kaf'fe]
bar (m), cervejaria (f)	pub (m), bar (m)	[pab], [bar]
salão (m) de chá	sala (f) da tè	['sala da 'te]
empregado (m) de mesa	cameriere (m)	[kame'rjere]
empregada (f) de mesa	cameriera (f)	[kame'rjera]
barman (m)	barista (m)	[ba'rista]
ementa (f)	menù (m)	[me'nu]
lista (f) de vinhos	lista (f) dei vini	['lista 'dei 'vini]
reservar uma mesa	prenotare un tavolo	[preno'tare un 'tavolo]
prato (m)	piatto (m)	['pjatto]
pedir (vt)	ordinare (vt)	[ordi'nare]
fazer o pedido	fare un'ordinazione	['fare unordina'tsjone]
aperitivo (m)	aperitivo (m)	[aperi'tivo]
entrada (f)	antipasto (m)	[anti'pasto]
sobremesa (f)	dolce (m)	['doltʃe]
conta (f)	conto (m)	['konto]
pagar a conta	pagare il conto	[pa'gare il 'konto]
dar o troco	dare il resto	['dare il 'resto]
gorjeta (f)	mancia (f)	['mantʃa]

50. Refeições

comida (f)	cibo (m)	['tʃibo]
comer (vt)	mangiare (vi, vt)	[man'dʒare]

pequeno-almoço (m)	colazione (f)	[kola'tsjone]
tomar o pequeno-almoço	fare colazione	['fare kola'tsjone]
almoço (m)	pranzo (m)	['prantso]
almoçar (vi)	pranzare (vi)	[pran'tsare]
jantar (m)	cena (f)	['tʃena]
jantar (vi)	cenare (vi)	[tʃe'nare]
apetite (m)	appetito (m)	[appe'tito]
Bom apetite!	Buon appetito!	[bu'on appe'tito]
abrir (~ uma lata, etc.)	aprire (vt)	[a'prire]
derramar (vt)	rovesciare (vt)	[rove'ʃare]
derramar-se (vr)	rovesciarsi (vi)	[rove'ʃarsi]
ferver (vi)	bollire (vi)	[bol'lire]
ferver (vt)	far bollire	[far bol'lire]
fervido	bollito	[bol'lito]
arrefecer (vt)	raffreddare (vt)	[raffred'dare]
arrefecer-se (vr)	raffreddarsi (vr)	[raffred'darsi]
sabor, gosto (m)	gusto (m)	['gusto]
gostinho (m)	retrogusto (m)	[retro'gusto]
fazer dieta	essere a dieta	['essere a di'eta]
dieta (f)	dieta (f)	[di'eta]
vitamina (f)	vitamina (f)	[vita'mina]
caloria (f)	caloria (f)	[kalo'ria]
vegetariano (m)	vegetariano (m)	[vedʒeta'rjano]
vegetariano	vegetariano	[vedʒeta'rjano]
gorduras (f pl)	grassi (m pl)	['grassi]
proteínas (f pl)	proteine (f pl)	[prote'ine]
carboidratos (m pl)	carboidrati (m pl)	[karboi'drati]
fatia (~ de limão, etc.)	fetta (f), fettina (f)	['fetta], [fet'tina]
pedaço (~ de bolo)	pezzo (m)	['pettso]
migalha (f)	briciola (f)	['britʃola]

51. Pratos cozinhados

prato (m)	piatto (m)	['pjatto]
cozinha (~ portuguesa)	cucina (f)	[ku'tʃina]
receita (f)	ricetta (f)	[ri'tʃetta]
porção (f)	porzione (f)	[por'tsjone]
salada (f)	insalata (f)	[insa'lata]
sopa (f)	minestra (f)	[mi'nestra]
caldo (m)	brodo (m)	['brodo]
sandes (f)	panino (m)	[pa'nino]
ovos (m pl) estrelados	uova (f pl) al tegamino	[u'ova al tega'mino]
hambúrguer (m)	hamburger (m)	[am'burger]
bife (m)	bistecca (f)	[bi'stekka]
conduto (m)	contorno (m)	[kon'torno]

espaguete (m)	**spaghetti** (m pl)	[spa'getti]
puré (m) de batata	**purè** (m) **di patate**	[pu're di pa'tate]
pizza (f)	**pizza** (f)	['pittsa]
papa (f)	**porridge** (m)	[por'ridʒe]
omelete (f)	**frittata** (f)	[frit'tata]
cozido em água	**bollito**	[bol'lito]
fumado	**affumicato**	[affumi'kato]
frito	**fritto**	['fritto]
seco	**secco**	['sekko]
congelado	**congelato**	[kondʒe'lato]
em conserva	**sottoaceto**	[sottoa'tʃeto]
doce (açucarado)	**dolce**	['doltʃe]
salgado	**salato**	[sa'lato]
frio	**freddo**	['freddo]
quente	**caldo**	['kaldo]
amargo	**amaro**	[a'maro]
gostoso	**buono, gustoso**	[bu'ono], [gu'stozo]
cozinhar (em água a ferver)	**cuocere, preparare** (vt)	[ku'otʃere], [prepa'rare]
fazer, preparar (vt)	**cucinare** (vi)	[kutʃi'nare]
fritar (vt)	**friggere** (vt)	['fridʒere]
aquecer (vt)	**riscaldare** (vt)	[riskal'dare]
salgar (vt)	**salare** (vt)	[sa'lare]
apimentar (vt)	**pepare** (vt)	[pe'pare]
ralar (vt)	**grattugiare** (vt)	[grattu'dʒare]
casca (f)	**buccia** (f)	['butʃa]
descascar (vt)	**sbucciare** (vt)	[zbu'tʃare]

52. Comida

carne (f)	**carne** (f)	['karne]
galinha (f)	**pollo** (m)	['pollo]
frango (m)	**pollo** (m) **novello**	['pollo no'vello]
pato (m)	**anatra** (f)	['anatra]
ganso (m)	**oca** (f)	['oka]
caça (f)	**cacciagione** (f)	[katʃa'dʒone]
peru (m)	**tacchino** (m)	[tak'kino]
carne (f) de porco	**maiale** (m)	[ma'jale]
carne (f) de vitela	**vitello** (m)	[vi'tello]
carne (f) de carneiro	**agnello** (m)	[a'ɲello]
carne (f) de vaca	**manzo** (m)	['mandzo]
carne (f) de coelho	**coniglio** (m)	[ko'niʎʎo]
chouriço, salsichão (m)	**salame** (m)	[sa'lame]
salsicha (f)	**würstel** (m)	['vyrstel]
bacon (m)	**pancetta** (f)	[pan'tʃetta]
fiambre (f)	**prosciutto** (m)	[pro'ʃutto]
presunto (m)	**prosciutto** (m) **affumicato**	[pro'ʃutto affumi'kato]
patê (m)	**pâté** (m)	[pa'te]
fígado (m)	**fegato** (m)	['fegato]

carne (f) moída	carne (f) **trita**	['karne 'trita]
língua (f)	**lingua** (f)	['lingua]
ovo (m)	**uovo** (m)	[u'ovo]
ovos (m pl)	**uova** (f pl)	[u'ova]
clara (f) do ovo	**albume** (m)	[al'bume]
gema (f) do ovo	**tuorlo** (m)	[tu'orlo]
peixe (m)	**pesce** (m)	['peʃe]
mariscos (m pl)	**frutti** (m pl) **di mare**	['frutti di 'mare]
crustáceos (m pl)	**crostacei** (m pl)	[kro'statʃei]
caviar (m)	**caviale** (m)	[ka'vjale]
caranguejo (m)	**granchio** (m)	['graŋkio]
camarão (m)	**gamberetto** (m)	[gambe'retto]
ostra (f)	**ostrica** (f)	['ostrika]
lagosta (f)	**aragosta** (f)	[ara'gosta]
polvo (m)	**polpo** (m)	['polpo]
lula (f)	**calamaro** (m)	[kala'maro]
esturjão (m)	**storione** (m)	[sto'rjone]
salmão (m)	**salmone** (m)	[sal'mone]
halibute (m)	**ippoglosso** (m)	[ippo'glosso]
bacalhau (m)	**merluzzo** (m)	[mer'luttso]
cavala, sarda (f)	**scombro** (m)	['skombro]
atum (m)	**tonno** (m)	['tonno]
enguia (f)	**anguilla** (f)	[an'gwilla]
truta (f)	**trota** (f)	['trota]
sardinha (f)	**sardina** (f)	[sar'dina]
lúcio (m)	**luccio** (m)	['lutʃo]
arenque (m)	**aringa** (f)	[a'ringa]
pão (m)	**pane** (m)	['pane]
queijo (m)	**formaggio** (m)	[for'madʒo]
açúcar (m)	**zucchero** (m)	['dzukkero]
sal (m)	**sale** (m)	['sale]
arroz (m)	**riso** (m)	['rizo]
massas (f pl)	**pasta** (f)	['pasta]
talharim (m)	**tagliatelle** (f pl)	[taʎʎa'telle]
manteiga (f)	**burro** (m)	['burro]
óleo (m) vegetal	**olio** (m) **vegetale**	['oljo vedʒe'tale]
óleo (m) de girassol	**olio** (m) **di girasole**	['oljo di dʒira'sole]
margarina (f)	**margarina** (f)	[marga'rina]
azeitonas (f pl)	**olive** (f pl)	[o'live]
azeite (m)	**olio** (m) **d'oliva**	['oljo do'liva]
leite (m)	**latte** (m)	['latte]
leite (m) condensado	**latte** (m) **condensato**	['latte konden'sato]
iogurte (m)	**yogurt** (m)	['jogurt]
nata (f) azeda	**panna** (f) **acida**	['panna 'atʃida]
nata (f) do leite	**panna** (f)	['panna]

maionese (f)	maionese (m)	[majo'neze]
creme (m)	crema (f)	['krema]

grãos (m pl) de cereais	cereali (m pl)	[tʃere'ali]
farinha (f)	farina (f)	[fa'rina]
enlatados (m pl)	cibi (m pl) in scatola	['tʃibi in 'skatola]

flocos (m pl) de milho	fiocchi (m pl) di mais	['fjokki di 'mais]
mel (m)	miele (m)	['mjele]
doce (m)	marmellata (f)	[marmel'lata]
pastilha (f) elástica	gomma (f) da masticare	['gomma da masti'kare]

53. Bebidas

água (f)	acqua (f)	['akwa]
água (f) potável	acqua (f) potabile	['akwa po'tabile]
água (f) mineral	acqua (f) minerale	['akwa mine'rale]

sem gás	liscia, non gassata	['liʃa], [non gas'sata]
gaseificada	gassata	[gas'sata]
com gás	frizzante	[frid'dzante]
gelo (m)	ghiaccio (m)	['gjatʃo]
com gelo	con ghiaccio	[kon 'gjatʃo]

sem álcool	analcolico	[anal'koliko]
bebida (f) sem álcool	bevanda (f) analcolica	[be'vanda anal'kolika]
refresco (m)	bibita (f)	['bibita]
limonada (f)	limonata (f)	[limo'nata]

bebidas (f pl) alcoólicas	bevande (f pl) alcoliche	[be'vande al'kolike]
vinho (m)	vino (m)	['vino]
vinho (m) branco	vino (m) bianco	['vino 'bjanko]
vinho (m) tinto	vino (m) rosso	['vino 'rosso]

licor (m)	liquore (m)	[li'kwore]
champanhe (m)	champagne (m)	[ʃam'paɲ]
vermute (m)	vermouth (m)	['vermut]

uísque (m)	whisky	['wiski]
vodka (f)	vodka (f)	['vodka]
gim (m)	gin (m)	[dʒin]
conhaque (m)	cognac (m)	['koɲak]
rum (m)	rum (m)	[rum]

café (m)	caffè (m)	[kaf'fe]
café (m) puro	caffè (m) nero	[kaf'fe 'nero]
café (m) com leite	caffè latte (m)	[kaf'fe 'latte]
cappuccino (m)	cappuccino (m)	[kappu'tʃino]
café (m) solúvel	caffè (m) solubile	[kaf'fe so'lubile]

leite (m)	latte (m)	['latte]
coquetel (m)	cocktail (m)	['koktejl]
batido (m) de leite	frullato (m)	[frul'lato]
sumo (m)	succo (m)	['sukko]

sumo (m) de tomate	succo (m) di pomodoro	['sukko di pomo'doro]
sumo (m) de laranja	succo (m) d'arancia	['sukko da'rantʃa]
sumo (m) fresco	spremuta (f)	[spre'muta]
cerveja (f)	birra (f)	['birra]
cerveja (f) clara	birra (f) chiara	['birra 'kjara]
cerveja (f) preta	birra (f) scura	['birra 'skura]
chá (m)	tè (m)	[te]
chá (m) preto	tè (m) nero	[te 'nero]
chá (m) verde	tè (m) verde	[te 'verde]

54. Vegetais

legumes (m pl)	ortaggi (m pl)	[or'tadʒi]
verduras (f pl)	verdura (f)	[ver'dura]
tomate (m)	pomodoro (m)	[pomo'doro]
pepino (m)	cetriolo (m)	[tʃetri'olo]
cenoura (f)	carota (f)	[ka'rota]
batata (f)	patata (f)	[pa'tata]
cebola (f)	cipolla (f)	[tʃi'polla]
alho (m)	aglio (m)	['aʎʎo]
couve (f)	cavolo (m)	['kavolo]
couve-flor (f)	cavolfiore (m)	[kavol'fjore]
couve-de-bruxelas (f)	cavoletti (m pl) di Bruxelles	[kavo'letti di bruk'sel]
brócolos (m pl)	broccolo (m)	['brokkolo]
beterraba (f)	barbabietola (f)	[barba'bjetola]
beringela (f)	melanzana (f)	[melan'tsana]
curgete (f)	zucchina (f)	[dzuk'kina]
abóbora (f)	zucca (f)	['dzukka]
nabo (m)	rapa (f)	['rapa]
salsa (f)	prezzemolo (m)	[pret'tsemolo]
funcho, endro (m)	aneto (m)	[a'neto]
alface (f)	lattuga (f)	[lat'tuga]
aipo (m)	sedano (m)	['sedano]
espargo (m)	asparago (m)	[a'sparago]
espinafre (m)	spinaci (m pl)	[spi'natʃi]
ervilha (f)	pisello (m)	[pi'zello]
fava (f)	fave (f pl)	['fave]
milho (m)	mais (m)	['mais]
feijão (m)	fagiolo (m)	[fa'dʒolo]
pimentão (m)	peperone (m)	[pepe'rone]
rabanete (m)	ravanello (m)	[rava'nello]
alcachofra (f)	carciofo (m)	[kar'tʃofo]

55. Frutos. Nozes

fruta (f)	frutto (m)	['frutto]
maçã (f)	mela (f)	['mela]
pera (f)	pera (f)	['pera]
limão (m)	limone (m)	[li'mone]
laranja (f)	arancia (f)	[a'rantʃa]
morango (m)	fragola (f)	['fragola]
tangerina (f)	mandarino (m)	[manda'rino]
ameixa (f)	prugna (f)	['pruɲa]
pêssego (m)	pesca (f)	['peska]
damasco (m)	albicocca (f)	[albi'kokka]
framboesa (f)	lampone (m)	[lam'pone]
ananás (m)	ananas (m)	[ana'nas]
banana (f)	banana (f)	[ba'nana]
melancia (f)	anguria (f)	[an'guria]
uva (f)	uva (f)	['uva]
ginja (f)	amarena (f)	[ama'rena]
cereja (f)	ciliegia (f)	[tʃi'ljedʒa]
meloa (f)	melone (m)	[me'lone]
toranja (f)	pompelmo (m)	[pom'pelmo]
abacate (m)	avocado (m)	[avo'kado]
papaia (f)	papaia (f)	[pa'paja]
manga (f)	mango (m)	['mango]
romã (f)	melagrana (f)	[mela'grana]
groselha (f) vermelha	ribes (m) rosso	['ribes 'rosso]
groselha (f) preta	ribes (m) nero	['ribes 'nero]
groselha (f) espinhosa	uva (f) spina	['uva 'spina]
mirtilo (m)	mirtillo (m)	[mir'tillo]
amora silvestre (f)	mora (f)	['mora]
uvas (f pl) passas	uvetta (f)	[u'vetta]
figo (m)	fico (m)	['fiko]
tâmara (f)	dattero (m)	['dattero]
amendoim (m)	arachide (f)	[a'rakide]
amêndoa (f)	mandorla (f)	['mandorla]
noz (f)	noce (f)	['notʃe]
avelã (f)	nocciola (f)	[no'tʃola]
coco (m)	noce (f) di cocco	['notʃe di 'kokko]
pistáchios (m pl)	pistacchi (m pl)	[pi'stakki]

56. Pão. Bolaria

pastelaria (f)	pasticceria (f)	[pastitʃe'ria]
pão (m)	pane (m)	['pane]
bolacha (f)	biscotti (m pl)	[bi'skotti]
chocolate (m)	cioccolato (m)	[tʃokko'lato]
de chocolate	al cioccolato	[al tʃokko'lato]

rebuçado (m)	caramella (f)	[kara'mella]
bolo (cupcake, etc.)	tortina (f)	[tor'tina]
bolo (m) de aniversário	torta (f)	['torta]
tarte (~ de maçã)	crostata (f)	[kro'stata]
recheio (m)	ripieno (m)	[ri'pjeno]
doce (m)	marmellata (f)	[marmel'lata]
geleia (f) de frutas	marmellata (f) di agrumi	[marmel'lata di a'grumi]
waffle (m)	wafer (m)	['vafer]
gelado (m)	gelato (m)	[dʒe'lato]
pudim (m)	budino (m)	[bu'dino]

57. Especiarias

sal (m)	sale (m)	['sale]
salgado	salato	[sa'lato]
salgar (vt)	salare (vt)	[sa'lare]
pimenta (f) preta	pepe (m) nero	['pepe 'nero]
pimenta (f) vermelha	peperoncino (m)	[peperon'tʃino]
mostarda (f)	senape (f)	[se'nape]
raiz-forte (f)	cren (m)	['kren]
condimento (m)	condimento (m)	[kondi'mento]
especiaria (f)	spezie (f pl)	['spetsie]
molho (m)	salsa (f)	['salsa]
vinagre (m)	aceto (m)	[a'tʃeto]
anis (m)	anice (m)	['anitʃe]
manjericão (m)	basilico (m)	[ba'ziliko]
cravo (m)	chiodi (m pl) di garofano	['kjodi di ga'rofano]
gengibre (m)	zenzero (m)	['dzendzero]
coentro (m)	coriandolo (m)	[kori'andolo]
canela (f)	cannella (f)	[kan'nella]
sésamo (m)	sesamo (m)	[sezamo]
folhas (f pl) de louro	alloro (m)	[al'loro]
páprica (f)	paprica (f)	['paprika]
cominho (m)	cumino, comino (m)	[ku'mino], [ko'mino]
açafrão (m)	zafferano (m)	[dzaffe'rano]

INFORMAÇÃO PESSOAL. FAMÍLIA

58. Informação pessoal. Formulários

nome (m)	nome (m)	['nome]
apelido (m)	cognome (m)	[ko'ɲome]
data (f) de nascimento	data (f) di nascita	['data di 'naʃita]
local (m) de nascimento	luogo (m) di nascita	[lu'ogo di 'naʃita]
nacionalidade (f)	nazionalità (f)	[natsjonali'ta]
lugar (m) de residência	domicilio (m)	[domi'tʃilio]
país (m)	paese (m)	[pa'eze]
profissão (f)	professione (f)	[profes'sjone]
sexo (m)	sesso (m)	['sesso]
estatura (f)	statura (f)	[sta'tura]
peso (m)	peso (m)	['pezo]

59. Membros da família. Parentes

mãe (f)	madre (f)	['madre]
pai (m)	padre (m)	['padre]
filho (m)	figlio (m)	['fiʎʎo]
filha (f)	figlia (f)	['fiʎʎa]
filha (f) mais nova	figlia (f) minore	['fiʎʎa mi'nore]
filho (m) mais novo	figlio (m) minore	['fiʎʎo mi'nore]
filha (f) mais velha	figlia (f) maggiore	['fiʎʎa ma'dʒore]
filho (m) mais velho	figlio (m) maggiore	['fiʎʎo ma'dʒore]
irmão (m)	fratello (m)	[fra'tello]
irmã (f)	sorella (f)	[so'rella]
primo (m)	cugino (m)	[ku'dʒino]
prima (f)	cugina (f)	[ku'dʒina]
mamã (f)	mamma (f)	['mamma]
papá (m)	papà (m)	[pa'pa]
pais (pl)	genitori (m pl)	[dʒeni'tori]
criança (f)	bambino (m)	[bam'bino]
crianças (f pl)	bambini (m pl)	[bam'bini]
avó (f)	nonna (f)	['nonna]
avô (m)	nonno (m)	['nonno]
neto (m)	nipote (m)	[ni'pote]
neta (f)	nipote (f)	[ni'pote]
netos (pl)	nipoti (pl)	[ni'poti]
tio (m)	zio (m)	['tsio]
tia (f)	zia (f)	['tsia]

sobrinho (m)	**nipote** (m)	[ni'pote]
sobrinha (f)	**nipote** (f)	[ni'pote]
sogra (f)	**suocera** (f)	[su'otʃera]
sogro (m)	**suocero** (m)	[su'otʃero]
genro (m)	**genero** (m)	['dʒenero]
madrasta (f)	**matrigna** (f)	[ma'triɲa]
padrasto (m)	**patrigno** (m)	[pa'triɲo]
criança (f) de colo	**neonato** (m)	[neo'nato]
bebé (m)	**infante** (m)	[in'fante]
menino (m)	**bimbo** (m)	['bimbo]
mulher (f)	**moglie** (f)	['moʎʎe]
marido (m)	**marito** (m)	[ma'rito]
esposo (m)	**coniuge** (m)	['konjudʒe]
esposa (f)	**coniuge** (f)	['konjudʒe]
casado	**sposato**	[spo'zato]
casada	**sposata**	[spo'zata]
solteiro	**celibe**	['tʃelibe]
solteirão (m)	**scapolo** (m)	['skapolo]
divorciado	**divorziato**	[divortsi'ato]
viúva (f)	**vedova** (f)	['vedova]
viúvo (m)	**vedovo** (m)	['vedovo]
parente (m)	**parente** (m)	[pa'rente]
parente (m) próximo	**parente** (m) **stretto**	[pa'rente 'stretto]
parente (m) distante	**parente** (m) **lontano**	[pa'rente lon'tano]
parentes (m pl)	**parenti** (m pl)	[pa'renti]
órfão (m)	**orfano** (m)	['orfano]
órfã (f)	**orfana** (f)	['orfana]
tutor (m)	**tutore** (m)	[tu'tore]
adotar (um filho)	**adottare** (vt)	[adot'tare]
adotar (uma filha)	**adottare** (vt)	[adot'tare]

60. Amigos. Colegas de trabalho

amigo (m)	**amico** (m)	[a'miko]
amiga (f)	**amica** (f)	[a'mika]
amizade (f)	**amicizia** (f)	[ami'tʃitsia]
ser amigos	**essere amici**	['essere a'mitʃi]
amigo (m)	**amico** (m)	[a'miko]
amiga (f)	**amica** (f)	[a'mika]
parceiro (m)	**partner** (m)	['partner]
chefe (m)	**capo** (m)	['kapo]
superior (m)	**capo** (m), **superiore** (m)	['kapo], [supe'rjore]
subordinado (m)	**subordinato** (m)	[subordi'nato]
colega (m)	**collega** (m)	[kol'lega]
conhecido (m)	**conoscente** (m)	[kono'ʃente]
companheiro (m) de viagem	**compagno** (m) **di viaggio**	[kom'paɲo di 'vjadʒo]

colega (m) de classe	**compagno (m) di classe**	[kom'paɲo di 'klasse]
vizinho (m)	**vicino (m)**	[vi'tʃino]
vizinha (f)	**vicina (f)**	[vi'tʃina]
vizinhos (pl)	**vicini (m pl)**	[vi'tʃini]

CORPO HUMANO. MEDICINA

61. Cabeça

cabeça (f)	**testa** (f)	['testa]
cara (f)	**viso** (m)	['vizo]
nariz (m)	**naso** (m)	['nazo]
boca (f)	**bocca** (f)	['bokka]
olho (m)	**occhio** (m)	['okkio]
olhos (m pl)	**occhi** (m pl)	['okki]
pupila (f)	**pupilla** (f)	[pu'pilla]
sobrancelha (f)	**sopracciglio** (m)	[sopra'tʃiʎʎo]
pestana (f)	**ciglio** (m)	['tʃiʎʎo]
pálpebra (f)	**palpebra** (f)	['palpebra]
língua (f)	**lingua** (f)	['lingua]
dente (m)	**dente** (m)	['dente]
lábios (m pl)	**labbra** (f pl)	['labbra]
maçãs (f pl) do rosto	**zigomi** (m pl)	['dzigomi]
gengiva (f)	**gengiva** (f)	[dʒen'dʒiva]
palato (m)	**palato** (m)	[pa'lato]
narinas (f pl)	**narici** (f pl)	[na'ritʃi]
queixo (m)	**mento** (m)	['mento]
mandíbula (f)	**mascella** (f)	[ma'ʃella]
bochecha (f)	**guancia** (f)	['gwantʃa]
testa (f)	**fronte** (f)	['fronte]
têmpora (f)	**tempia** (f)	['tempia]
orelha (f)	**orecchio** (m)	[o'rekkio]
nuca (f)	**nuca** (f)	['nuka]
pescoço (m)	**collo** (m)	['kollo]
garganta (f)	**gola** (f)	['gola]
cabelos (m pl)	**capelli** (m pl)	[ka'pelli]
penteado (m)	**pettinatura** (f)	[pettina'tura]
corte (m) de cabelo	**taglio** (m)	['taʎʎo]
peruca (f)	**parrucca** (f)	['parrukka]
bigode (m)	**baffi** (m pl)	['baffi]
barba (f)	**barba** (f)	['barba]
usar, ter (~ barba, etc.)	**portare** (vt)	[por'tare]
trança (f)	**treccia** (f)	['tretʃa]
suíças (f pl)	**basette** (f pl)	[ba'zette]
ruivo	**rosso**	['rosso]
grisalho	**brizzolato**	[brittso'lato]
calvo	**calvo**	['kalvo]
calva (f)	**calvizie** (f)	[kal'vitsie]

rabo-de-cavalo (m)	**coda** (f) **di cavallo**	['koda di ka'vallo]
franja (f)	**frangetta** (f)	[fran'dʒetta]

62. Corpo humano

mão (f)	**mano** (f)	['mano]
braço (m)	**braccio** (m)	['bratʃo]

dedo (m)	**dito** (m)	['dito]
dedo (m) do pé	**dito** (m) **del piede**	['dito del 'pjede]
polegar (m)	**pollice** (m)	['pollitʃe]
dedo (m) mindinho	**mignolo** (m)	[mi'ɲolo]
unha (f)	**unghia** (f)	['ungia]

punho (m)	**pugno** (m)	['puɲo]
palma (f) da mão	**palmo** (m)	['palmo]
pulso (m)	**polso** (m)	['polso]
antebraço (m)	**avambraccio** (m)	[avam'bratʃo]
cotovelo (m)	**gomito** (m)	['gomito]
ombro (m)	**spalla** (f)	['spalla]

perna (f)	**gamba** (f)	['gamba]
pé (m)	**pianta** (f) **del piede**	['pjanta del 'pjede]
joelho (m)	**ginocchio** (m)	[dʒi'nokkio]
barriga (f) da perna	**polpaccio** (m)	[pol'patʃo]
anca (f)	**anca** (f)	['anka]
calcanhar (m)	**tallone** (m)	[tal'lone]

corpo (m)	**corpo** (m)	['korpo]
barriga (f)	**pancia** (f)	['pantʃa]
peito (m)	**petto** (m)	['petto]
seio (m)	**seno** (m)	['seno]
lado (m)	**fianco** (m)	['fjanko]
costas (f pl)	**schiena** (f)	['skjena]
região (f) lombar	**zona** (f) **lombare**	['dzona lom'bare]
cintura (f)	**vita** (f)	['vita]

umbigo (m)	**ombelico** (m)	[ombe'liko]
nádegas (f pl)	**natiche** (f pl)	['natike]
traseiro (m)	**sedere** (m)	[se'dere]

sinal (m)	**neo** (m)	['neo]
sinal (m) de nascença	**voglia** (f)	['voʎʎa]
tatuagem (f)	**tatuaggio** (m)	[tatu'adʒo]
cicatriz (f)	**cicatrice** (f)	[tʃika'tritʃe]

63. Doenças

doença (f)	**malattia** (f)	[malat'tia]
estar doente	**essere malato**	['essere ma'lato]
saúde (f)	**salute** (f)	[sa'lute]
nariz (m) a escorrer	**raffreddore** (m)	[raffred'dore]

amigdalite (f)	**tonsillite** (f)	[tonsil'lite]
constipação (f)	**raffreddore** (m)	[raffred'dore]
constipar-se (vr)	**raffreddarsi** (vr)	[raffred'darsi]
bronquite (f)	**bronchite** (f)	[bron'kite]
pneumonia (f)	**polmonite** (f)	[polmo'nite]
gripe (f)	**influenza** (f)	[influ'entsa]
míope	**miope**	['miope]
presbita	**presbite**	['prezbite]
estrabismo (m)	**strabismo** (m)	[stra'bizmo]
estrábico	**strabico**	['strabiko]
catarata (f)	**cateratta** (f)	[kate'ratta]
glaucoma (m)	**glaucoma** (m)	[glau'koma]
AVC (m), apoplexia (f)	**ictus** (m) **cerebrale**	['iktus ʧere'brale]
ataque (m) cardíaco	**attacco** (m) **di cuore**	[at'tako di ku'ore]
enfarte (m) do miocárdio	**infarto** (m) **miocardico**	[in'farto miokar'diko]
paralisia (f)	**paralisi** (f)	[pa'ralizi]
paralisar (vt)	**paralizzare** (vt)	[paralid'dzare]
alergia (f)	**allergia** (f)	[aller'dʒia]
asma (f)	**asma** (f)	['azma]
diabetes (f)	**diabete** (m)	[dia'bete]
dor (f) de dentes	**mal** (m) **di denti**	[mal di 'denti]
cárie (f)	**carie** (f)	['karie]
diarreia (f)	**diarrea** (f)	[diar'rea]
prisão (f) de ventre	**stitichezza** (f)	[stiti'kettsa]
desarranjo (m) intestinal	**disturbo** (m) **gastrico**	[di'sturbo 'gastriko]
intoxicação (f) alimentar	**intossicazione** (f) **alimentare**	[intossika'tsjone alimen'tare]
intoxicar-se	**intossicarsi** (vr)	[intossi'karsi]
artrite (f)	**artrite** (f)	[ar'trite]
raquitismo (m)	**rachitide** (f)	[ra'kitide]
reumatismo (m)	**reumatismo** (m)	[reuma'tizmo]
arteriosclerose (f)	**aterosclerosi** (f)	[ateroskle'rozi]
gastrite (f)	**gastrite** (f)	[ga'strite]
apendicite (f)	**appendicite** (f)	[appendi'ʧite]
colecistite (f)	**colecistite** (f)	[koleʧi'stite]
úlcera (f)	**ulcera** (f)	['ulʧera]
sarampo (m)	**morbillo** (m)	[mor'billo]
rubéola (f)	**rosolia** (f)	[rozo'lia]
iterícia (f)	**itterizia** (f)	[itte'ritsia]
hepatite (f)	**epatite** (f)	[epa'tite]
esquizofrenia (f)	**schizofrenia** (f)	[skidzofre'nia]
raiva (f)	**rabbia** (f)	['rabbia]
neurose (f)	**nevrosi** (f)	[ne'vrozi]
comoção (f) cerebral	**commozione** (f) **cerebrale**	[kommo'tsjone ʧere'brale]
cancro (m)	**cancro** (m)	['kankro]
esclerose (f)	**sclerosi** (f)	[skle'rozi]

esclerose (f) múltipla	sclerosi (f) multipla	[skle'rozi 'multipla]
alcoolismo (m)	alcolismo (m)	[alko'lizmo]
alcoólico (m)	alcolizzato (m)	[alkolid'dzato]
sífilis (f)	sifilide (f)	[si'filide]
SIDA (f)	AIDS (m)	['aids]

tumor (m)	tumore (m)	[tu'more]
maligno	maligno	[ma'liɲo]
benigno	benigno	[be'niɲo]
febre (f)	febbre (f)	['febbre]
malária (f)	malaria (f)	[ma'laria]
gangrena (f)	cancrena (f)	[kan'krena]
enjoo (m)	mal (m) di mare	[mal di 'mare]
epilepsia (f)	epilessia (f)	[epiles'sia]

epidemia (f)	epidemia (f)	[epide'mia]
tifo (m)	tifo (m)	['tifo]
tuberculose (f)	tubercolosi (f)	[tuberko'lozi]
cólera (f)	colera (m)	[ko'lera]
peste (f)	peste (f)	['peste]

64. Sintomas. Tratamentos. Parte 1

sintoma (m)	sintomo (m)	['sintomo]
temperatura (f)	temperatura (f)	[tempera'tura]
febre (f)	febbre (f) alta	['febbre 'alta]
pulso (m)	polso (m)	['polso]

vertigem (f)	capogiro (m)	[kapo'dʒiro]
quente (testa, etc.)	caldo	['kaldo]
calafrio (m)	brivido (m)	['brivido]
pálido	pallido	['pallido]

tosse (f)	tosse (f)	['tosse]
tossir (vi)	tossire (vi)	[tos'sire]
espirrar (vi)	starnutire (vi)	[starnu'tire]
desmaio (m)	svenimento (m)	[zveni'mento]
desmaiar (vi)	svenire (vi)	[zve'nire]

nódoa (f) negra	livido (m)	['livido]
galo (m)	bernoccolo (m)	[ber'nokkolo]
magoar-se (vr)	farsi un livido	['farsi un 'livido]
pisadura (f)	contusione (f)	[kontu'zjone]
aleijar-se (vr)	farsi male	['farsi 'male]

coxear (vi)	zoppicare (vi)	[dzoppi'kare]
deslocação (f)	slogatura (f)	[zloga'tura]
deslocar (vt)	slogarsi (vr)	[zlo'garsi]
fratura (f)	frattura (f)	[frat'tura]
fraturar (vt)	fratturarsi (vr)	[frattu'rarsi]

corte (m)	taglio (m)	['taʎʎo]
cortar-se (vr)	tagliarsi (vr)	[taʎ'ʎarsi]
hemorragia (f)	emorragia (f)	[emorra'dʒia]

| queimadura (f) | scottatura (f) | [skotta'tura] |
| queimar-se (vr) | scottarsi (vr) | [skot'tarsi] |

picar (vt)	pungere (vt)	['pundʒere]
picar-se (vr)	pungersi (vr)	['pundʒersi]
lesionar (vt)	ferire (vt)	[fe'rire]
lesão (m)	ferita (f)	[fe'rita]
ferida (f), ferimento (m)	lesione (f)	[le'zjone]
trauma (m)	trauma (m)	['trauma]

delirar (vi)	delirare (vi)	[deli'rare]
gaguejar (vi)	tartagliare (vi)	[tartaʎ'ʎare]
insolação (f)	colpo (m) di sole	['kolpo di 'sole]

65. Sintomas. Tratamentos. Parte 2

| dor (f) | dolore (m), male (m) | [do'lore], ['male] |
| farpa (no dedo) | scheggia (f) | ['skedʒa] |

suor (m)	sudore (m)	[su'dore]
suar (vi)	sudare (vi)	[su'dare]
vómito (m)	vomito (m)	['vomito]
convulsões (f pl)	convulsioni (f pl)	[konvul'sjoni]

grávida	incinta	[in'tʃinta]
nascer (vi)	nascere (vi)	['naʃere]
parto (m)	parto (m)	['parto]
dar à luz	essere in travaglio	['essere in tra'vaʎʎo]
aborto (m)	aborto (m)	[a'borto]

respiração (f)	respirazione (f)	[respira'tsjone]
inspiração (f)	inspirazione (f)	[inspira'tsjone]
expiração (f)	espirazione (f)	[espira'tsjone]
expirar (vi)	espirare (vi)	[espi'rare]
inspirar (vi)	inspirare (vi)	[inspi'rare]

inválido (m)	invalido (m)	[in'valido]
aleijado (m)	storpio (m)	['storpjo]
toxicodependente (m)	battaglia (f)	[bat'taʎʎa]

surdo	sordo	['sordo]
mudo	muto	['muto]
surdo-mudo	sordomuto	[sordo'muto]

louco (adj.)	matto	['matto]
louco (m)	matto (m)	['matto]
louca (f)	matta (f)	['matta]
ficar louco	impazzire (vi)	[impat'tsire]

gene (m)	gene (m)	['dʒene]
imunidade (f)	immunità (f)	[immuni'ta]
hereditário	ereditario	[eredi'tario]
congénito	innato	[in'nato]
vírus (m)	virus (m)	['virus]

micróbio (m)	microbo (m)	['mikrobo]
bactéria (f)	batterio (m)	[bat'terio]
infeção (f)	infezione (f)	[infe'tsjone]

66. Sintomas. Tratamentos. Parte 3

| hospital (m) | ospedale (m) | [ospe'dale] |
| paciente (m) | paziente (m) | [pa'tsjente] |

diagnóstico (m)	diagnosi (f)	[di'aɲozi]
cura (f)	cura (f)	['kura]
tratamento (m) médico	trattamento (m)	[tratta'mento]
curar-se (vr)	curarsi (vr)	[ku'rarsi]
tratar (vt)	curare (vt)	[ku'rare]
cuidar (pessoa)	accudire	[akku'dire]
cuidados (m pl)	assistenza (f)	[assi'stentsa]

operação (f)	operazione (f)	[opera'tsjone]
enfaixar (vt)	bendare (vt)	[ben'dare]
enfaixamento (m)	fasciatura (f)	[faʃa'tura]

vacinação (f)	vaccinazione (f)	[vatʃina'tsjone]
vacinar (vt)	vaccinare (vt)	[vatʃi'nare]
injeção (f)	iniezione (f)	[inje'tsjone]
dar uma injeção	fare una puntura	['fare 'una pun'tura]

ataque (~ de asma, etc.)	attacco (m)	[at'takko]
amputação (f)	amputazione (f)	[amputa'tsjone]
amputar (vt)	amputare (vt)	[ampu'tare]
coma (f)	coma (m)	['koma]
estar em coma	essere in coma	['essere in 'koma]
reanimação (f)	rianimazione (f)	[rianima'tsjone]

recuperar-se (vr)	guarire (vi)	[gwa'rire]
estado (~ de saúde)	stato (f)	['stato]
consciência (f)	conoscenza (f)	[kono'ʃentsa]
memória (f)	memoria (f)	[me'moria]

tirar (vt)	estrarre (vt)	[e'strarre]
chumbo (m), obturação (f)	otturazione (f)	[ottura'tsjone]
chumbar, obturar (vt)	otturare (vt)	[ottu'rare]

| hipnose (f) | ipnosi (f) | [ip'nozi] |
| hipnotizar (vt) | ipnotizzare (vt) | [ipnotid'dzare] |

67. Medicina. Drogas. Acessórios

medicamento (m)	medicina (f)	[medi'tʃina]
remédio (m)	rimedio (m)	[ri'medio]
receitar (vt)	prescrivere (vt)	[pres'krivere]
receita (f)	prescrizione (f)	[preskri'tsjone]
comprimido (m)	compressa (f)	[kom'pressa]

pomada (f)	**unguento** (m)	[un'gwento]
ampola (f)	**fiala** (f)	[fi'ala]
preparado (m)	**pozione** (f)	[po'tsjone]
xarope (m)	**sciroppo** (m)	[ʃi'roppo]
cápsula (f)	**pillola** (f)	['pillola]
remédio (m) em pó	**polverina** (f)	[polve'rina]
ligadura (f)	**benda** (f)	['benda]
algodão (m)	**ovatta** (f)	[o'vatta]
iodo (m)	**iodio** (m)	[i'odio]
penso (m) rápido	**cerotto** (m)	[tʃe'rotto]
conta-gotas (m)	**contagocce** (m)	[konta'gotʃe]
termómetro (m)	**termometro** (m)	[ter'mometro]
seringa (f)	**siringa** (f)	[si'ringa]
cadeira (f) de rodas	**sedia** (f) **a rotelle**	['sedia a ro'telle]
muletas (f pl)	**stampelle** (f pl)	[stam'pelle]
analgésico (m)	**analgesico** (m)	[anal'dʒeziko]
laxante (m)	**lassativo** (m)	[lassa'tivo]
álcool (m) etílico	**alcol** (m)	[al'kol]
ervas (f pl) medicinais	**erba** (f) **officinale**	['erba offitʃi'nale]
de ervas (chá ~)	**d'erbe**	['derbe]

APARTAMENTO

68. Apartamento

apartamento (m)	**appartamento** (m)	[apparta'mento]
quarto (m)	**camera** (f), **stanza** (f)	['kamera], ['stantsa]
quarto (m) de dormir	**camera** (f) **da letto**	['kamera da 'letto]
sala (f) de jantar	**sala** (f) **da pranzo**	['sala da 'prantso]
sala (f) de estar	**salotto** (m)	[sa'lotto]
escritório (m)	**studio** (m)	['studio]
antessala (f)	**ingresso** (m)	[in'gresso]
quarto (m) de banho	**bagno** (m)	['baɲo]
toilette (lavabo)	**gabinetto** (m)	[gabi'netto]
teto (m)	**soffitto** (m)	[sof'fitto]
chão, soalho (m)	**pavimento** (m)	[pavi'mento]
canto (m)	**angolo** (m)	['angolo]

69. Mobiliário. Interior

mobiliário (m)	**mobili** (m pl)	['mobili]
mesa (f)	**tavolo** (m)	['tavolo]
cadeira (f)	**sedia** (f)	['sedia]
cama (f)	**letto** (m)	['letto]
divã (m)	**divano** (m)	[di'vano]
cadeirão (m)	**poltrona** (f)	[pol'trona]
estante (f)	**libreria** (f)	[libre'ria]
prateleira (f)	**ripiano** (m)	[ri'pjano]
guarda-vestidos (m)	**armadio** (m)	[ar'madio]
cabide (m) de parede	**attaccapanni** (m) **da parete**	[attakka'panni da pa'rete]
cabide (m) de pé	**appendiabiti** (m) **da terra**	[apen'djabiti da terra]
cómoda (f)	**comò** (m)	[ko'mo]
mesinha (f) de centro	**tavolino** (m) **da salotto**	[tavo'lina da sa'lotto]
espelho (m)	**specchio** (m)	['spekkio]
tapete (m)	**tappeto** (m)	[tap'peto]
tapete (m) pequeno	**tappetino** (m)	[tappe'tino]
lareira (f)	**camino** (m)	[ka'mino]
vela (f)	**candela** (f)	[kan'dela]
castiçal (m)	**candeliere** (m)	[kande'ljere]
cortinas (f pl)	**tende** (f pl)	['tende]
papel (m) de parede	**carta** (f) **da parati**	['karta da pa'rati]

estores (f pl)	tende (f pl) alla veneziana	['tende alla vene'tsjana]
candeeiro (m) de mesa	lampada (f) da tavolo	['lampada da 'tavolo]
candeeiro (m) de parede	lampada (f) da parete	['lampada da pa'rete]
candeeiro (m) de pé	lampada (f) a stelo	['lampada a 'stelo]
lustre (m)	lampadario (m)	[lampa'dario]
pé (de mesa, etc.)	gamba (f)	['gamba]
braço (m)	bracciolo (m)	['bratʃolo]
costas (f pl)	spalliera (f)	[spal'ljera]
gaveta (f)	cassetto (m)	[kas'setto]

70. Quarto de dormir

roupa (f) de cama	biancheria (f) da letto	[bjanke'ria da 'letto]
almofada (f)	cuscino (m)	[ku'ʃino]
fronha (f)	federa (f)	['federa]
cobertor (m)	coperta (f)	[ko'perta]
lençol (m)	lenzuolo (m)	[lentsu'olo]
colcha (f)	copriletto (m)	[kopri'letto]

71. Cozinha

cozinha (f)	cucina (f)	[ku'tʃina]
gás (m)	gas (m)	[gas]
fogão (m) a gás	fornello (m) a gas	[for'nello a gas]
fogão (m) elétrico	fornello (m) elettrico	[for'nello e'lettriko]
forno (m)	forno (m)	['forno]
forno (m) de micro-ondas	forno (m) a microonde	['forno a mikro'onde]
frigorífico (m)	frigorifero (m)	[frigo'rifero]
congelador (m)	congelatore (m)	[kondʒela'tore]
máquina (f) de lavar louça	lavastoviglie (f)	[lavasto'viʎʎe]
moedor (m) de carne	tritacarne (m)	[trita'karne]
espremedor (m)	spremifrutta (m)	[spremi'frutta]
torradeira (f)	tostapane (m)	[tosta'pane]
batedeira (f)	mixer (m)	['mikser]
máquina (f) de café	macchina (f) da caffè	['makkina da kaf'fe]
cafeteira (f)	caffettiera (f)	[kaffet'tjera]
moinho (m) de café	macinacaffè (m)	[matʃinakaf'fe]
chaleira (f)	bollitore (m)	[bolli'tore]
bule (m)	teiera (f)	[te'jera]
tampa (f)	coperchio (m)	[ko'perkio]
coador (m) de chá	colino (m) da tè	[ko'lino da te]
colher (f)	cucchiaio (m)	[kuk'kjajo]
colher (f) de chá	cucchiaino (m) da tè	[kuk'kjajno da 'te]
colher (f) de sopa	cucchiaio (m)	[kuk'kjajo]
garfo (m)	forchetta (f)	[for'ketta]
faca (f)	coltello (m)	[kol'tello]

louça (f)	stoviglie (f pl)	[sto'viʎʎe]
prato (m)	piatto (m)	['pjatto]
pires (m)	piattino (m)	[pjat'tino]

cálice (m)	cicchetto (m)	[tʃik'ketto]
copo (m)	bicchiere (m)	[bik'kjere]
chávena (f)	tazzina (f)	[tat'tsina]

açucareiro (m)	zuccheriera (f)	[dzukke'rjera]
saleiro (m)	saliera (f)	[sa'ljera]
pimenteiro (m)	pepiera (f)	[pe'pjera]
manteigueira (f)	burriera (f)	[bur'rjera]

panela, caçarola (f)	pentola (f)	['pentola]
frigideira (f)	padella (f)	[pa'della]
concha (f)	mestolo (m)	['mestolo]
passador (m)	colapasta (m)	[kola'pasta]
bandeja (f)	vassoio (m)	[vas'sojo]

garrafa (f)	bottiglia (f)	[bot'tiʎʎa]
boião (m) de vidro	barattolo (m) di vetro	[ba'rattolo di 'vetro]
lata (f)	latta (f), lattina (f)	['latta], [lat'tina]

abre-garrafas (m)	apribottiglie (m)	[apribot'tiʎʎe]
abre-latas (m)	apriscatole (m)	[apri'skatole]
saca-rolhas (m)	cavatappi (m)	[kava'tappi]
filtro (m)	filtro (m)	['filtro]
filtrar (vt)	filtrare (vt)	[fil'trare]

lixo (m)	spazzatura (f)	[spattsa'tura]
balde (m) do lixo	pattumiera (f)	[pattu'mjera]

72. Casa de banho

quarto (m) de banho	bagno (m)	['baɲo]
água (f)	acqua (f)	['akwa]
torneira (f)	rubinetto (m)	[rubi'netto]
água (f) quente	acqua (f) calda	['akwa 'kalda]
água (f) fria	acqua (f) fredda	['akwa 'fredda]

pasta (f) de dentes	dentifricio (m)	[denti'fritʃo]
escovar os dentes	lavarsi i denti	[la'varsi i 'denti]
escova (f) de dentes	spazzolino (m) da denti	[spatso'lino da 'denti]

barbear-se (vr)	rasarsi (vr)	[ra'zarsi]
espuma (f) de barbear	schiuma (f) da barba	['skjuma da 'barba]
máquina (f) de barbear	rasoio (m)	[ra'zojo]

lavar (vt)	lavare (vt)	[la'vare]
lavar-se (vr)	fare un bagno	['fare un 'baɲo]
duche (m)	doccia (f)	['dotʃa]
tomar um duche	fare una doccia	['fare 'una 'dotʃa]
banheira (f)	vasca (f) da bagno	['vaska da 'baɲo]
sanita (f)	water (m)	['vater]

lavatório (m)	**lavandino** (m)	[lavan'dino]
sabonete (m)	**sapone** (m)	[sa'pone]
saboneteira (f)	**porta** (m) **sapone**	['porta sa'pone]
esponja (f)	**spugna** (f)	['spuɲa]
champô (m)	**shampoo** (m)	['ʃampo]
toalha (f)	**asciugamano** (m)	[aʃuga'mano]
roupão (m) de banho	**accappatoio** (m)	[akkappa'tojo]
lavagem (f)	**bucato** (m)	[bu'kato]
máquina (f) de lavar	**lavatrice** (f)	[lava'triʧe]
lavar a roupa	**fare il bucato**	['fare il bu'kato]
detergente (m)	**detersivo** (m) **per il bucato**	[deter'sivo per il bu'kato]

73. Eletrodomésticos

televisor (m)	**televisore** (m)	[televi'zore]
gravador (m)	**registratore** (m) **a nastro**	[reʤistra'tore a 'nastro]
videogravador (m)	**videoregistratore** (m)	[video·reʤistra'tore]
rádio (m)	**radio** (f)	['radio]
leitor (m)	**lettore** (m)	[let'tore]
projetor (m)	**videoproiettore** (m)	[video·projet'tore]
cinema (m) em casa	**home cinema** (m)	['om 'ʧinema]
leitor (m) de DVD	**lettore** (m) **DVD**	[let'tore divu'di]
amplificador (m)	**amplificatore** (m)	[amplifika'tore]
console (f) de jogos	**console** (f) **video giochi**	['konsole 'video 'dʒoki]
câmara (f) de vídeo	**videocamera** (f)	[video·'kamera]
máquina (f) fotográfica	**macchina** (f) **fotografica**	['makkina foto'grafika]
câmara (f) digital	**fotocamera** (f) **digitale**	[foto'kamera diʤi'tale]
aspirador (m)	**aspirapolvere** (m)	[aspira·'polvere]
ferro (m) de engomar	**ferro** (m) **da stiro**	['ferro da 'stiro]
tábua (f) de engomar	**asse** (f) **da stiro**	['asse da 'stiro]
telefone (m)	**telefono** (m)	[te'lefono]
telemóvel (m)	**telefonino** (m)	[telefo'nino]
máquina (f) de escrever	**macchina** (f) **da scrivere**	['makkina da 'skrivere]
máquina (f) de costura	**macchina** (f) **da cucire**	['makkina da ku'ʧire]
microfone (m)	**microfono** (m)	[mi'krofono]
auscultadores (m pl)	**cuffia** (f)	['kuffia]
controlo remoto (m)	**telecomando** (m)	[teleko'mando]
CD (m)	**CD** (m)	[ʧi'di]
cassete (f)	**cassetta** (f)	[kas'setta]
disco (m) de vinil	**disco** (m)	['disko]

A TERRA. TEMPO

74. Espaço sideral

cosmos (m)	cosmo (m)	['kozmo]
cósmico	cosmico, spaziale	['kozmiko], [spa'tsjale]
espaço (m) cósmico	spazio (m) cosmico	['spatsio 'kozmiko]
mundo (m)	mondo (m)	['mondo]
universo (m)	universo (m)	[uni'verso]
galáxia (f)	galassia (f)	[ga'lassia]
estrela (f)	stella (f)	['stella]
constelação (f)	costellazione (f)	[kostella'tsjone]
planeta (m)	pianeta (m)	[pja'neta]
satélite (m)	satellite (m)	[sa'tellite]
meteorito (m)	meteorite (m)	[meteo'rite]
cometa (m)	cometa (f)	[ko'meta]
asteroide (m)	asteroide (m)	[aste'roide]
órbita (f)	orbita (f)	['orbita]
girar (vi)	ruotare (vi)	[ruo'tare]
atmosfera (f)	atmosfera (f)	[atmo'sfera]
Sol (m)	il Sole	[il 'sole]
Sistema (m) Solar	sistema (m) solare	[si'stema so'lare]
eclipse (m) solar	eclisse (f) solare	[e'klisse so'lare]
Terra (f)	la Terra	[la 'terra]
Lua (f)	la Luna	[la 'luna]
Marte (m)	Marte (m)	['marte]
Vénus (f)	Venere (f)	['venere]
Júpiter (m)	Giove (m)	['dʒove]
Saturno (m)	Saturno (m)	[sa'turno]
Mercúrio (m)	Mercurio (m)	[mer'kurio]
Urano (m)	Urano (m)	[u'rano]
Neptuno (m)	Nettuno (m)	[net'tuno]
Plutão (m)	Plutone (m)	[plu'tone]
Via Láctea (f)	Via (f) Lattea	['via 'lattea]
Ursa Maior (f)	Orsa (f) Maggiore	['orsa ma'dʒore]
Estrela Polar (f)	Stella (f) Polare	['stella po'lare]
marciano (m)	marziano (m)	[mar'tsjano]
extraterrestre (m)	extraterrestre (m)	[ekstrater'restre]
alienígena (m)	alieno (m)	[a'ljeno]

disco (m) voador	disco (m) **volante**	['disko vo'lante]
nave (f) espacial	nave (f) **spaziale**	['nave spa'tsjale]
estação (f) orbital	stazione (f) **spaziale**	[sta'tsjone spa'tsjale]
lançamento (m)	lancio (m)	['lantʃo]
motor (m)	motore (m)	[mo'tore]
bocal (m)	ugello (m)	[u'dʒello]
combustível (m)	combustibile (m)	[kombu'stibile]
cabine (f)	cabina (f) **di pilotaggio**	[ka'bina di pilo'tadʒio]
antena (f)	antenna (f)	[an'tenna]
vigia (f)	oblò (m)	[ob'lo]
bateria (f) solar	batteria (f) **solare**	[batte'ria so'lare]
traje (m) espacial	scafandro (m)	[ska'fandro]
imponderabilidade (f)	imponderabilità (f)	[imponderabili'ta]
oxigénio (m)	ossigeno (m)	[os'sidʒeno]
acoplagem (f)	aggancio (m)	[ag'gantʃo]
fazer uma acoplagem	agganciarsi (vr)	[aggan'tʃarsi]
observatório (m)	osservatorio (m)	[osserva'torio]
telescópio (m)	telescopio (m)	[tele'skopio]
observar (vt)	osservare (vt)	[osser'vare]
explorar (vt)	esplorare (vt)	[esplo'rare]

75. A Terra

Terra (f)	la Terra	[la 'terra]
globo terrestre (Terra)	globo (m) **terrestre**	['globo ter'restre]
planeta (m)	pianeta (m)	[pja'neta]
atmosfera (f)	atmosfera (f)	[atmo'sfera]
geografia (f)	geografia (f)	[dʒeogra'fia]
natureza (f)	natura (f)	[na'tura]
globo (mapa esférico)	mappamondo (m)	[mappa'mondo]
mapa (m)	carta (f) **geografica**	['karta dʒeo'grafika]
atlas (m)	atlante (m)	[a'tlante]
Europa (f)	Europa (f)	[eu'ropa]
Ásia (f)	Asia (f)	['azia]
África (f)	Africa (f)	['afrika]
Austrália (f)	Australia (f)	[au'stralia]
América (f)	America (f)	[a'merika]
América (f) do Norte	America (f) **del Nord**	[a'merika del nord]
América (f) do Sul	America (f) **del Sud**	[a'merika del sud]
Antártida (f)	Antartide (f)	[an'tartide]
Ártico (m)	Artico (m)	['artiko]

76. Pontos cardeais

norte (m)	nord (m)	[nord]
para norte	a nord	[a nord]
no norte	al nord	[al nord]
do norte	del nord	[del nord]
sul (m)	sud (m)	[sud]
para sul	a sud	[a sud]
no sul	al sud	[al sud]
do sul	del sud	[del sud]
oeste, ocidente (m)	ovest (m)	['ovest]
para oeste	a ovest	[a 'ovest]
no oeste	all'ovest	[all 'ovest]
ocidental	dell'ovest, occidentale	[dell 'ovest], [otʃiden'tale]
leste, oriente (m)	est (m)	[est]
para leste	a est	[a est]
no leste	all'est	[all 'est]
oriental	dell'est, orientale	[dell 'est], [orien'tale]

77. Mar. Oceano

mar (m)	mare (m)	['mare]
oceano (m)	oceano (m)	[o'tʃeano]
golfo (m)	golfo (m)	['golfo]
estreito (m)	stretto (m)	['stretto]
terra (f) firme	terra (f)	['terra]
continente (m)	continente (m)	[konti'nente]
ilha (f)	isola (f)	['izola]
península (f)	penisola (f)	[pe'nizola]
arquipélago (m)	arcipelago (m)	[artʃi'pelago]
baía (f)	baia (f)	['baja]
porto (m)	porto (m)	['porto]
lagoa (f)	laguna (f)	[la'guna]
cabo (m)	capo (m)	['kapo]
atol (m)	atollo (m)	[a'tollo]
recife (m)	scogliera (f)	[skoʎ'ʎera]
coral (m)	corallo (m)	[ko'rallo]
recife (m) de coral	barriera (f) corallina	[bar'rjera koral'lina]
profundo	profondo	[pro'fondo]
profundidade (f)	profondità (f)	[profondi'ta]
abismo (m)	abisso (m)	[a'bisso]
fossa (f) oceânica	fossa (f)	['fossa]
corrente (f)	corrente (f)	[kor'rente]
banhar (vt)	circondare (vt)	[tʃirkon'dare]
litoral (m)	litorale (m)	[lito'rale]

costa (f)	costa (f)	['kosta]
maré (f) alta	alta marea (f)	['alta ma'rea]
refluxo (m), maré (f) baixa	bassa marea (f)	['bassa ma'rea]
restinga (f)	banco (m) di sabbia	['banko di 'sabbia]
fundo (m)	fondo (m)	['fondo]
onda (f)	onda (f)	['onda]
crista (f) da onda	cresta (f) dell'onda	['kresta dell 'onda]
espuma (f)	schiuma (f)	['skjuma]
tempestade (f)	tempesta (f)	[tem'pesta]
furacão (m)	uragano (m)	[ura'gano]
tsunami (m)	tsunami (m)	[tsu'nami]
calmaria (f)	bonaccia (f)	[bo'natʃa]
calmo	tranquillo	[tran'kwillo]
polo (m)	polo (m)	['polo]
polar	polare	[po'lare]
latitude (f)	latitudine (f)	[lati'tudine]
longitude (f)	longitudine (f)	[londʒi'tudine]
paralela (f)	parallelo (m)	[paral'lelo]
equador (m)	equatore (m)	[ekwa'tore]
céu (m)	cielo (m)	['tʃelo]
horizonte (m)	orizzonte (m)	[orid'dzonte]
ar (m)	aria (f)	['aria]
farol (m)	faro (m)	['faro]
mergulhar (vi)	tuffarsi (vr)	[tuf'farsi]
afundar-se (vr)	affondare (vi)	[affon'dare]
tesouros (m pl)	tesori (m)	[te'zori]

78. Nomes de Mares e Oceanos

Oceano (m) Atlântico	Oceano (m) Atlantico	[o'tʃeano at'lantiko]
Oceano (m) Índico	Oceano (m) Indiano	[o'tʃeano indi'ano]
Oceano (m) Pacífico	Oceano (m) Pacifico	[o'tʃeano pa'tʃifiko]
Oceano (m) Ártico	mar (m) Glaciale Artico	[mar gla'tʃale 'artiko]
Mar (m) Negro	mar (m) Nero	[mar 'nero]
Mar (m) Vermelho	mar (m) Rosso	[mar 'rosso]
Mar (m) Amarelo	mar (m) Giallo	[mar 'dʒallo]
Mar (m) Branco	mar (m) Bianco	[mar 'bjanko]
Mar (m) Cáspio	mar (m) Caspio	[mar 'kaspio]
Mar (m) Morto	mar (m) Morto	[mar 'morto]
Mar (m) Mediterrâneo	mar (m) Mediterraneo	[mar mediter'raneo]
Mar (m) Egeu	mar (m) Egeo	[mar e'dʒeo]
Mar (m) Adriático	mar (m) Adriatico	[mar adri'atiko]
Mar (m) Arábico	mar (m) Arabico	[mar a'rabiko]
Mar (m) do Japão	mar (m) del Giappone	[mar del dʒap'pone]

Mar (m) de Bering	mare (m) di Bering	['mare di 'bering]
Mar (m) da China Meridional	mar (m) Cinese meridionale	[mar ʧi'neze meridio'nale]
Mar (m) de Coral	mar (m) dei Coralli	[mar 'dei ko'ralli]
Mar (m) de Tasman	mar (m) di Tasmania	[mar di taz'mania]
Mar (m) do Caribe	mar (m) dei Caraibi	[mar dei kara'ibi]
Mar (m) de Barents	mare (m) di Barents	['mare di 'barents]
Mar (m) de Kara	mare (m) di Kara	['mare di 'kara]
Mar (m) do Norte	mare (m) del Nord	['mare del nord]
Mar (m) Báltico	mar (m) Baltico	[mar 'baltiko]
Mar (m) da Noruega	mare (m) di Norvegia	['mare di nor'vedʒa]

79. Montanhas

montanha (f)	monte (m), montagna (f)	['monte], [mon'taɲa]
cordilheira (f)	catena (f) montuosa	[ka'tena montu'oza]
serra (f)	crinale (m)	[kri'nale]
cume (m)	cima (f)	['ʧima]
pico (m)	picco (m)	['pikko]
sopé (m)	piedi (m pl)	['pjede]
declive (m)	pendio (m)	[pen'dio]
vulcão (m)	vulcano (m)	[vul'kano]
vulcão (m) ativo	vulcano (m) attivo	[vul'kano at'tivo]
vulcão (m) extinto	vulcano (m) inattivo	[vul'kano inat'tivo]
erupção (f)	eruzione (f)	[eru'tsjone]
cratera (f)	cratere (m)	[kra'tere]
magma (m)	magma (m)	['magma]
lava (f)	lava (f)	['lava]
fundido (lava ~a)	fuso	['fuzo]
desfiladeiro (m)	canyon (m)	['kenjon]
garganta (f)	gola (f)	['gola]
fenda (f)	crepaccio (m)	[kre'paʧo]
precipício (m)	precipizio (m)	[preʧi'pitsio]
passo, colo (m)	passo (m), valico (m)	['passo], ['valiko]
planalto (m)	altopiano (m)	[alto'pjano]
falésia (f)	falesia (f)	[fa'lezia]
colina (f)	collina (f)	[kol'lina]
glaciar (m)	ghiacciaio (m)	[gja'ʧajo]
queda (f) d'água	cascata (f)	[kas'kata]
géiser (m)	geyser (m)	['gejzer]
lago (m)	lago (m)	['lago]
planície (f)	pianura (f)	[pja'nura]
paisagem (f)	paesaggio (m)	[pae'zadʒo]
eco (m)	eco (f)	['eko]
alpinista (m)	alpinista (m)	[alpi'nista]

escalador (m)	**scalatore** (m)	[skala'tore]
conquistar (vt)	**conquistare** (vt)	[konkwi'stare]
subida, escalada (f)	**scalata** (f)	[ska'lata]

80. Nomes de montanhas

Alpes (m pl)	**Alpi** (f pl)	['alpi]
monte Branco (m)	**Monte** (m) **Bianco**	['monte 'bjanko]
Pirineus (m pl)	**Pirenei** (m pl)	[pire'nei]
Cárpatos (m pl)	**Carpazi** (m pl)	[kar'patsi]
montes (m pl) Urais	**gli Urali** (m pl)	[ʎi u'rali]
Cáucaso (m)	**Caucaso** (m)	['kaukazo]
Elbrus (m)	**Monte** (m) **Elbrus**	['monte 'elbrus]
Altai (m)	**Monti** (m pl) **Altai**	['monti al'taj]
Tian Shan (m)	**Tien Shan** (m)	[tjen 'ʃan]
Pamir (m)	**Pamir** (m)	[pa'mir]
Himalaias (m pl)	**Himalaia** (m)	[ima'laja]
monte (m) Everest	**Everest** (m)	['everest]
Cordilheira (f) dos Andes	**Ande** (f pl)	['ande]
Kilimanjaro (m)	**Kilimangiaro** (m)	[kiliman'dʒaro]

81. Rios

rio (m)	**fiume** (m)	['fjume]
fonte, nascente (f)	**fonte** (f)	['fonte]
leito (m) do rio	**letto** (m)	['letto]
bacia (f)	**bacino** (m)	[ba'tʃino]
desaguar no ...	**sfociare nel ...**	[sfo'tʃare nel]
afluente (m)	**affluente** (m)	[afflu'ente]
margem (do rio)	**riva** (f)	['riva]
corrente (f)	**corrente** (f)	[kor'rente]
rio abaixo	**a valle**	[a 'valle]
rio acima	**a monte**	[a 'monte]
inundação (f)	**inondazione** (f)	[inonda'tsjone]
cheia (f)	**piena** (f)	['pjena]
transbordar (vi)	**straripare** (vi)	[strari'pare]
inundar (vt)	**inondare** (vt)	[inon'dare]
banco (m) de areia	**secca** (f)	['sekka]
rápidos (m pl)	**rapida** (f)	['rapida]
barragem (f)	**diga** (f)	['diga]
canal (m)	**canale** (m)	[ka'nale]
reservatório (m) de água	**bacino** (m) **di riserva**	[ba'tʃino di ri'zerva]
eclusa (f)	**chiusa** (f)	['kjuza]
corpo (m) de água	**bacino** (m) **idrico**	[ba'tʃino 'idriko]

pântano (m)	palude (f)	[pa'lude]
tremedal (m)	pantano (m)	[pan'tano]
remoinho (m)	vortice (m)	['vortitʃe]
arroio, regato (m)	ruscello (m)	[ru'ʃello]
potável	potabile	[po'tabile]
doce (água)	dolce	['doltʃe]
gelo (m)	ghiaccio (m)	['gjatʃo]
congelar-se (vr)	ghiacciarsi (vr)	[gja'tʃarsi]

82. Nomes de rios

rio Sena (m)	Senna (f)	['senna]
rio Loire (m)	Loira (f)	['loira]
rio Tamisa (m)	Tamigi (m)	[ta'midʒi]
rio Reno (m)	Reno (m)	['reno]
rio Danúbio (m)	Danubio (m)	[da'nubio]
rio Volga (m)	Volga (m)	['volga]
rio Don (m)	Don (m)	[don]
rio Lena (m)	Lena (f)	['lena]
rio Amarelo (m)	Fiume (m) Giallo	['fjume 'dʒallo]
rio Yangtzé (m)	Fiume (m) Azzurro	['fjume ad'dzurro]
rio Mekong (m)	Mekong (m)	[me'kong]
rio Ganges (m)	Gange (m)	['gandʒe]
rio Nilo (m)	Nilo (m)	['nilo]
rio Congo (m)	Congo (m)	['kongo]
rio Cubango (m)	Okavango	[oka'vango]
rio Zambeze (m)	Zambesi (m)	[dzam'bezi]
rio Limpopo (m)	Limpopo (m)	['limpopo]
rio Mississípi (m)	Mississippi (m)	[missis'sippi]

83. Floresta

floresta (f), bosque (m)	foresta (f)	[fo'resta]
florestal	forestale	[fores'tale]
mata (f) cerrada	foresta (f) fitta	[fo'resta 'fitta]
arvoredo (m)	boschetto (m)	[bos'ketto]
clareira (f)	radura (f)	[ra'dura]
matagal (m)	roveto (m)	[ro'veto]
mato (m)	boscaglia (f)	[bos'kaʎʎa]
vereda (f)	sentiero (m)	[sen'tjero]
ravina (f)	calanco (m)	[ka'lanko]
árvore (f)	albero (m)	['albero]
folha (f)	foglia (f)	['foʎʎa]

folhagem (f)	fogliame (m)	[foʎˈʎame]
queda (f) das folhas	caduta (f) delle foglie	[kaˈduta ˈdelle ˈfoʎʎe]
cair (vi)	cadere (vi)	[kaˈdere]
topo (m)	cima (f)	[ˈʧima]

ramo (m)	ramo (m), ramoscello (m)	[ˈramo], [ramoˈʃello]
galho (m)	ramo (m)	[ˈramo]
botão, rebento (m)	gemma (f)	[ˈdʒemma]
agulha (f)	ago (m)	[ˈago]
pinha (f)	pigna (f)	[ˈpiɲa]

buraco (m) de árvore	cavità (f)	[kaviˈta]
ninho (m)	nido (m)	[ˈnido]
toca (f)	tana (f)	[ˈtana]

tronco (m)	tronco (m)	[ˈtronko]
raiz (f)	radice (f)	[raˈdiʧe]
casca (f) de árvore	corteccia (f)	[korˈtetʃa]
musgo (m)	musco (m)	[ˈmusko]

arrancar pela raiz	sradicare (vt)	[zradiˈkare]
cortar (vt)	abbattere (vt)	[abˈbattere]
desflorestar (vt)	disboscare (vt)	[dizboˈskare]
toco, cepo (m)	ceppo (m)	[ˈʧeppo]

fogueira (f)	falò (m)	[faˈlo]
incêndio (m) florestal	incendio (m) boschivo	[inˈʧendio bosˈkivo]
apagar (vt)	spegnere (vt)	[ˈspeɲere]

guarda-florestal (m)	guardia (f) forestale	[ˈgwardia foresˈtale]
proteção (f)	protezione (f)	[proteˈtsjone]
proteger (a natureza)	proteggere (vt)	[proˈtedʒere]
caçador (m) furtivo	bracconiere (m)	[brakkoˈnjere]
armadilha (f)	tagliola (f)	[taʎˈʎoʎa]

colher (cogumelos, bagas)	raccogliere (vt)	[rakˈkoʎʎere]
perder-se (vr)	perdersi (vr)	[ˈperdersi]

84. Recursos naturais

recursos (m pl) naturais	risorse (f pl) naturali	[riˈsorse natuˈrali]
minerais (m pl)	minerali (m pl)	[mineˈrali]
depósitos (m pl)	deposito (m)	[deˈpozito]
jazida (f)	giacimento (m)	[dʒatʃiˈmento]

extrair (vt)	estrarre (vt)	[eˈstrarre]
extração (f)	estrazione (f)	[estraˈtsjone]
minério (m)	minerale (m) grezzo	[mineˈrale ˈgreddzo]
mina (f)	miniera (f)	[miˈnjera]
poço (m) de mina	pozzo (m) di miniera	[ˈpottso di miˈnjera]
mineiro (m)	minatore (m)	[minaˈtore]

gás (m)	gas (m)	[gas]
gasoduto (m)	gasdotto (m)	[gasˈdotto]

petróleo (m)	petrolio (m)	[pe'trolio]
oleoduto (m)	oleodotto (m)	[oleo'dotto]
poço (m) de petróleo	torre (f) di estrazione	['torre di estra'tsjone]
torre (f) petrolífera	torre (f) di trivellazione	['torre di trivella'tsjone]
petroleiro (m)	petroliera (f)	[petro'ljera]
areia (f)	sabbia (f)	['sabbia]
calcário (m)	calcare (m)	[kal'kare]
cascalho (m)	ghiaia (f)	['gjaja]
turfa (f)	torba (f)	['torba]
argila (f)	argilla (f)	[ar'dʒilla]
carvão (m)	carbone (m)	[kar'bone]
ferro (m)	ferro (m)	['ferro]
ouro (m)	oro (m)	['oro]
prata (f)	argento (m)	[ar'dʒento]
níquel (m)	nichel (m)	['nikel]
cobre (m)	rame (m)	['rame]
zinco (m)	zinco (m)	['dzinko]
manganês (m)	manganese (m)	[manga'neze]
mercúrio (m)	mercurio (m)	[mer'kurio]
chumbo (m)	piombo (m)	['pjombo]
mineral (m)	minerale (m)	[mine'rale]
cristal (m)	cristallo (m)	[kris'tallo]
mármore (m)	marmo (m)	['marmo]
urânio (m)	uranio (m)	[u'ranio]

85. Tempo

tempo (m)	tempo (m)	['tempo]
previsão (f) do tempo	previsione (f) del tempo	[previ'zjone del 'tempo]
temperatura (f)	temperatura (f)	[tempera'tura]
termómetro (m)	termometro (m)	[ter'mometro]
barómetro (m)	barometro (m)	[ba'rometro]
húmido	umido	['umido]
humidade (f)	umidità (f)	[umidi'ta]
calor (m)	caldo (m), afa (f)	['kaldo], ['afa]
cálido	molto caldo	['molto 'kaldo]
está muito calor	fa molto caldo	[fa 'molto 'kaldo]
está calor	fa caldo	[fa 'kaldo]
quente	caldo	['kaldo]
está frio	fa freddo	[fa 'freddo]
frio	freddo	['freddo]
sol (m)	sole (m)	['sole]
brilhar (vi)	splendere (vi)	['splendere]
de sol, ensolarado	di sole	[di 'sole]
nascer (vi)	levarsi (vr)	[le'varsi]
pôr-se (vr)	tramontare (vi)	[tramon'tare]

nuvem (f)	nuvola (f)	['nuvola]
nublado	nuvoloso	[nuvo'lozo]
nuvem (f) preta	nube (f) di pioggia	['nube di 'pjodʒa]
escuro, cinzento	nuvoloso	[nuvo'lozo]
chuva (f)	pioggia (f)	['pjodʒa]
está a chover	piove	['pjove]
chuvoso	piovoso	[pjo'vozo]
chuviscar (vi)	piovigginare (vi)	[pjovidʒi'nare]
chuva (f) torrencial	pioggia (f) torrenziale	['pjodʒa torren'tsjale]
chuvada (f)	acquazzone (m)	[akwat'tsone]
forte (chuva)	forte	['forte]
poça (f)	pozzanghera (f)	[pot'tsangera]
molhar-se (vr)	bagnarsi (vr)	[ba'ɲarsi]
nevoeiro (m)	foschia (f), nebbia (f)	[fos'kia], ['nebbia]
de nevoeiro	nebbioso	[neb'bjozo]
neve (f)	neve (f)	['neve]
está a nevar	nevica	['nevika]

86. Tempo extremo. Catástrofes naturais

trovoada (f)	temporale (m)	[tempo'rale]
relâmpago (m)	fulmine (f)	['fulmine]
relampejar (vi)	lampeggiare (vi)	[lampe'dʒare]
trovão (m)	tuono (m)	[tu'ono]
trovejar (vi)	tuonare (vi)	[tuo'nare]
está a trovejar	tuona	[tu'ona]
granizo (m)	grandine (f)	['grandine]
está a cair granizo	grandina	['grandina]
inundar (vt)	inondare (vt)	[inon'dare]
inundação (f)	inondazione (f)	[inonda'tsjone]
terremoto (m)	terremoto (m)	[terre'moto]
abalo, tremor (m)	scossa (f)	['skossa]
epicentro (m)	epicentro (m)	[epi'tʃentro]
erupção (f)	eruzione (f)	[eru'tsjone]
lava (f)	lava (f)	['lava]
turbilhão (m)	tromba (f) d'aria	['tromba 'daria]
tornado (m)	tornado (m)	[tor'nado]
tufão (m)	tifone (m)	[ti'fone]
furacão (m)	uragano (m)	[ura'gano]
tempestade (f)	tempesta (f)	[tem'pesta]
tsunami (m)	tsunami (m)	[tsu'nami]
ciclone (m)	ciclone (m)	[tʃi'klone]
mau tempo (m)	maltempo (m)	[mal'tempo]

incêndio (m)	**incendio** (m)	[in'tʃendio]
catástrofe (f)	**disastro** (m)	[di'zastro]
meteorito (m)	**meteorite** (m)	[meteo'rite]

avalanche (f)	**valanga** (f)	[va'langa]
deslizamento (m) de neve	**slavina** (f)	[zla'vina]
nevasca (f)	**tempesta** (f) **di neve**	[tem'pesta di 'neve]
tempestade (f) de neve	**bufera** (f) **di neve**	['bufera di 'neve]

FAUNA

87. Mamíferos. Predadores

predador (m)	**predatore** (m)	[preda'tore]
tigre (m)	**tigre** (f)	['tigre]
leão (m)	**leone** (m)	[le'one]
lobo (m)	**lupo** (m)	['lupo]
raposa (f)	**volpe** (m)	['volpe]
jaguar (m)	**giaguaro** (m)	[dʒa'gwaro]
leopardo (m)	**leopardo** (m)	[leo'pardo]
chita (f)	**ghepardo** (m)	[ge'pardo]
pantera (f)	**pantera** (f)	[pan'tera]
puma (m)	**puma** (f)	['puma]
leopardo-das-neves (m)	**leopardo** (m) **delle nevi**	[leo'pardo 'delle 'nevi]
lince (m)	**lince** (f)	['lintʃe]
coiote (m)	**coyote** (m)	[ko'jote]
chacal (m)	**sciacallo** (m)	[ʃa'kallo]
hiena (f)	**iena** (f)	['jena]

88. Animais selvagens

animal (m)	**animale** (m)	[ani'male]
besta (f)	**bestia** (f)	['bestia]
esquilo (m)	**scoiattolo** (m)	[sko'jattolo]
ouriço (m)	**riccio** (m)	['ritʃo]
lebre (f)	**lepre** (f)	['lepre]
coelho (m)	**coniglio** (m)	[ko'niʎʎo]
texugo (m)	**tasso** (m)	['tasso]
guaxinim (m)	**procione** (f)	[pro'tʃone]
hamster (m)	**criceto** (m)	[kri'tʃeto]
marmota (f)	**marmotta** (f)	[mar'motta]
toupeira (f)	**talpa** (f)	['talpa]
rato (m)	**topo** (m)	['topo]
ratazana (f)	**ratto** (m)	['ratto]
morcego (m)	**pipistrello** (m)	[pipi'strello]
arminho (m)	**ermellino** (m)	[ermel'lino]
zibelina (f)	**zibellino** (m)	[dzibel'lino]
marta (f)	**martora** (f)	['martora]
doninha (f)	**donnola** (f)	['donnola]
vison (m)	**visone** (m)	[vi'zone]

castor (m)	castoro (m)	[kas'toro]
lontra (f)	lontra (f)	['lontra]
cavalo (m)	cavallo (m)	[ka'vallo]
alce (m)	alce (m)	['altʃe]
veado (m)	cervo (m)	['tʃervo]
camelo (m)	cammello (m)	[kam'mello]
bisão (m)	bisonte (m) americano	[bi'zonte ameri'kano]
auroque (m)	bisonte (m) europeo	[bi'zonte euro'peo]
búfalo (m)	bufalo (m)	['bufalo]
zebra (f)	zebra (f)	['dzebra]
antílope (m)	antilope (f)	[an'tilope]
corça (f)	capriolo (m)	[kapri'olo]
gamo (m)	daino (m)	['daino]
camurça (f)	camoscio (m)	[ka'moʃo]
javali (m)	cinghiale (m)	[tʃin'gjale]
baleia (f)	balena (f)	[ba'lena]
foca (f)	foca (f)	['foka]
morsa (f)	tricheco (m)	[tri'keko]
urso-marinho (m)	otaria (f)	[o'taria]
golfinho (m)	delfino (m)	[del'fino]
urso (m)	orso (m)	['orso]
urso (m) branco	orso (m) bianco	['orso 'bjanko]
panda (m)	panda (m)	['panda]
macaco (em geral)	scimmia (f)	['ʃimmia]
chimpanzé (m)	scimpanzè (m)	[ʃimpan'dze]
orangotango (m)	orango (m)	[o'rango]
gorila (m)	gorilla (m)	[go'rilla]
macaco (m)	macaco (m)	[ma'kako]
gibão (m)	gibbone (m)	[dʒib'bone]
elefante (m)	elefante (m)	[ele'fante]
rinoceronte (m)	rinoceronte (m)	[rinotʃe'ronte]
girafa (f)	giraffa (f)	[dʒi'raffa]
hipopótamo (m)	ippopotamo (m)	[ippo'potamo]
canguru (m)	canguro (m)	[kan'guro]
coala (m)	koala (m)	[ko'ala]
mangusto (m)	mangusta (f)	[man'gusta]
chinchila (m)	cincillà (f)	[tʃintʃil'la]
doninha-fedorenta (f)	moffetta (f)	[mof'fetta]
porco-espinho (m)	istrice (m)	['istritʃe]

89. Animais domésticos

gata (f)	gatta (f)	['gatta]
gato (m) macho	gatto (m)	['gatto]
cão (m)	cane (m)	['kane]

cavalo (m)	cavallo (m)	[ka'vallo]
garanhão (m)	stallone (m)	[stal'lone]
égua (f)	giumenta (f)	[dʒu'menta]
vaca (f)	mucca (f)	['mukka]
touro (m)	toro (m)	['toro]
boi (m)	bue (m)	['bue]
ovelha (f)	pecora (f)	['pekora]
carneiro (m)	montone (m)	[mon'tone]
cabra (f)	capra (f)	['kapra]
bode (m)	caprone (m)	[kap'rone]
burro (m)	asino (m)	['azino]
mula (f)	mulo (m)	['mulo]
porco (m)	porco (m)	['porko]
leitão (m)	porcellino (m)	[portʃel'lino]
coelho (m)	coniglio (m)	[ko'niʎʎo]
galinha (f)	gallina (f)	[gal'lina]
galo (m)	gallo (m)	['gallo]
pata (f)	anatra (f)	['anatra]
pato (macho)	maschio (m) dell'anatra	['maskio dell 'anatra]
ganso (m)	oca (f)	['oka]
peru (m)	tacchino (m)	[tak'kino]
perua (f)	tacchina (f)	[tak'kina]
animais (m pl) domésticos	animali (m pl) domestici	[ani'mali do'mestitʃi]
domesticado	addomesticato	[addomesti'kato]
domesticar (vt)	addomesticare (vt)	[addomesti'kare]
criar (vt)	allevare (vt)	[alle'vare]
quinta (f)	fattoria (f)	[fatto'ria]
aves (f pl) domésticas	pollame (m)	[pol'lame]
gado (m)	bestiame (m)	[bes'tjame]
rebanho (m), manada (f)	branco (m), mandria (f)	['branko], ['mandria]
estábulo (m)	scuderia (f)	[skude'ria]
pocilga (f)	porcile (m)	[por'tʃile]
estábulo (m)	stalla (f)	['stalla]
coelheira (f)	conigliera (f)	[koniʎ'ʎera]
galinheiro (m)	pollaio (m)	[pol'lajo]

90. Pássaros

pássaro (m), ave (f)	uccello (m)	[u'tʃello]
pombo (m)	colombo (m), piccione (m)	[kolombo], [pi'tʃone]
pardal (m)	passero (m)	['passero]
chapim-real (m)	cincia (f)	['tʃintʃa]
pega-rabuda (f)	gazza (f)	['gattsa]
corvo (m)	corvo (m)	['korvo]

gralha (f) cinzenta	cornacchia (f)	[kor'nakkia]
gralha-de-nuca-cinzenta (f)	taccola (f)	['takkola]
gralha-calva (f)	corvo (m) nero	['korvo 'nero]
pato (m)	anatra (f)	['anatra]
ganso (m)	oca (f)	['oka]
faisão (m)	fagiano (m)	[fa'dʒano]
águia (f)	aquila (f)	['akwila]
açor (m)	astore (m)	[a'store]
falcão (m)	falco (m)	['falko]
abutre (m)	grifone (m)	[gri'fone]
condor (m)	condor (m)	['kondor]
cisne (m)	cigno (m)	['tʃiɲo]
grou (m)	gru (f)	[gru]
cegonha (f)	cicogna (f)	[tʃi'koɲa]
papagaio (m)	pappagallo (m)	[pappa'gallo]
beija-flor (m)	colibrì (m)	[koli'bri]
pavão (m)	pavone (m)	[pa'vone]
avestruz (m)	struzzo (m)	['struttso]
garça (f)	airone (m)	[ai'rone]
flamingo (m)	fenicottero (m)	[feni'kottero]
pelicano (m)	pellicano (m)	[pelli'kano]
rouxinol (m)	usignolo (m)	[uzi'ɲolo]
andorinha (f)	rondine (f)	['rondine]
tordo-zornal (m)	tordo (m)	['tordo]
tordo-músico (m)	tordo (m) sasello	['tordo sa'zello]
melro-preto (m)	merlo (m)	['merlo]
andorinhão (m)	rondone (m)	[ron'done]
cotovia (f)	allodola (f)	[al'lodola]
codorna (f)	quaglia (f)	['kwaʎʎa]
pica-pau (m)	picchio (m)	['pikkio]
cuco (m)	cuculo (m)	['kukulo]
coruja (f)	civetta (f)	[tʃi'vetta]
corujão, bufo (m)	gufo (m) reale	['gufo re'ale]
tetraz-grande (m)	urogallo (m)	[uro'gallo]
tetraz-lira (m)	fagiano (m) di monte	[fa'dʒano di 'monte]
perdiz-cinzenta (f)	pernice (f)	[per'nitʃe]
estorninho (m)	storno (m)	['storno]
canário (m)	canarino (m)	[kana'rino]
galinha-do-mato (f)	francolino (m) di monte	[franko'lino di 'monte]
tentilhão (m)	fringuello (m)	[frin'gwello]
dom-fafe (m)	ciuffolotto (m)	[tʃuffo'lotto]
gaivota (f)	gabbiano (m)	[gab'bjano]
albatroz (m)	albatro (m)	['albatro]
pinguim (m)	pinguino (m)	[pin'gwino]

91. Peixes. Animais marinhos

brema (f)	abramide (f)	[a'bramide]
carpa (f)	carpa (f)	['karpa]
perca (f)	perca (f)	['perka]
siluro (m)	pesce (m) gatto	['peʃe 'gatto]
lúcio (m)	luccio (m)	['lutʃo]
salmão (m)	salmone (m)	[sal'mone]
esturjão (m)	storione (m)	[sto'rjone]
arenque (m)	aringa (f)	[a'ringa]
salmão (m)	salmone (m)	[sal'mone]
cavala, sarda (f)	scombro (m)	['skombro]
solha (f)	sogliola (f)	['soʎʎoʎa]
lúcio perca (m)	lucioperca (f)	[lutʃo'perka]
bacalhau (m)	merluzzo (m)	[mer'luttso]
atum (m)	tonno (m)	['tonno]
truta (f)	trota (f)	['trota]
enguia (f)	anguilla (f)	[an'gwilla]
raia elétrica (f)	torpedine (f)	[tor'pedine]
moreia (f)	murena (f)	[mu'rena]
piranha (f)	piranha, piragna (f)	[pi'rania]
tubarão (m)	squalo (m)	['skwalo]
golfinho (m)	delfino (m)	[del'fino]
baleia (f)	balena (f)	[ba'lena]
caranguejo (m)	granchio (m)	['graŋkio]
medusa, alforreca (f)	medusa (f)	[me'duza]
polvo (m)	polpo (m)	['polpo]
estrela-do-mar (f)	stella (f) marina	['stella ma'rina]
ouriço-do-mar (m)	riccio (m) di mare	['ritʃo di 'mare]
cavalo-marinho (m)	cavalluccio (m) marino	[kaval'lutʃo ma'rino]
ostra (f)	ostrica (f)	['ostrika]
camarão (m)	gamberetto (m)	[gambe'retto]
lavagante (m)	astice (m)	['astitʃe]
lagosta (f)	aragosta (f)	[ara'gosta]

92. Amfíbios. Répteis

serpente, cobra (f)	serpente (m)	[ser'pente]
venenoso	velenoso	[vele'nozo]
víbora (f)	vipera (f)	['vipera]
cobra-capelo, naja (f)	cobra (m)	['kobra]
pitão (m)	pitone (m)	[pi'tone]
jiboia (f)	boa (m)	['boa]
cobra-de-água (f)	biscia (f)	['biʃa]

cascavel (f)	serpente (m) a sonagli	[ser'pente a so'naʎʎi]
anaconda (f)	anaconda (f)	[ana'konda]
lagarto (m)	lucertola (f)	[lu'ʧertola]
iguana (f)	iguana (f)	[i'gwana]
varano (m)	varano (m)	[va'rano]
salamandra (f)	salamandra (f)	[sala'mandra]
camaleão (m)	camaleonte (m)	[kamale'onte]
escorpião (m)	scorpione (m)	[skor'pjone]
tartaruga (f)	tartaruga (f)	[tarta'ruga]
rã (f)	rana (f)	['rana]
sapo (m)	rospo (m)	['rospo]
crocodilo (m)	coccodrillo (m)	[kokko'drillo]

93. Insetos

inseto (m)	insetto (m)	[in'setto]
borboleta (f)	farfalla (f)	[far'falla]
formiga (f)	formica (f)	[for'mika]
mosca (f)	mosca (f)	['moska]
mosquito (m)	zanzara (f)	[dzan'dzara]
escaravelho (m)	scarabeo (m)	[skara'beo]
vespa (f)	vespa (f)	['vespa]
abelha (f)	ape (f)	['ape]
mamangava (f)	bombo (m)	['bombo]
moscardo (m)	tafano (m)	[ta'fano]
aranha (f)	ragno (m)	['raɲo]
teia (f) de aranha	ragnatela (f)	[raɲa'tela]
libélula (f)	libellula (f)	[li'bellula]
gafanhoto-do-campo (m)	cavalletta (f)	[kaval'letta]
traça (f)	farfalla (f) notturna	[far'falla not'turna]
barata (f)	scarafaggio (m)	[skara'faʤo]
carraça (f)	zecca (f)	['tsekka]
pulga (f)	pulce (f)	['pulʧe]
borrachudo (m)	moscerino (m)	[moʃe'rino]
gafanhoto (m)	locusta (f)	[lo'kusta]
caracol (m)	lumaca (f)	[lu'maka]
grilo (m)	grillo (m)	['grillo]
pirilampo (m)	lucciola (f)	['luʧola]
joaninha (f)	coccinella (f)	[koʧi'nella]
besouro (m)	maggiolino (m)	[maʤo'lino]
sanguessuga (f)	sanguisuga (f)	[sangwi'zuga]
lagarta (f)	bruco (m)	['bruko]
minhoca (f)	verme (m)	['verme]
larva (f)	larva (m)	['larva]

FLORA

94. Árvores

árvore (f)	albero (m)	['albero]
decídua	deciduo	[de'tʃiduo]
conífera	conifero	[ko'nifero]
perene	sempreverde	[sempre'verde]
macieira (f)	melo (m)	['melo]
pereira (f)	pero (m)	['pero]
cerejeira (f)	ciliegio (m)	[tʃi'ljedʒo]
ginjeira (f)	amareno (m)	[ama'reno]
ameixeira (f)	prugno (m)	['pruɲo]
bétula (f)	betulla (f)	[be'tulla]
carvalho (m)	quercia (f)	['kwertʃa]
tília (f)	tiglio (m)	['tiʎʎo]
choupo-tremedor (m)	pioppo (m) tremolo	['pjoppo 'tremolo]
bordo (m)	acero (m)	['atʃero]
espruce-europeu (m)	abete (m)	[a'bete]
pinheiro (m)	pino (m)	['pino]
alerce, lariço (m)	larice (m)	['laritʃe]
abeto (m)	abete (m) bianco	[a'bete 'bjanko]
cedro (m)	cedro (m)	['tʃedro]
choupo, álamo (m)	pioppo (m)	['pjoppo]
tramazeira (f)	sorbo (m)	['sorbo]
salgueiro (m)	salice (m)	['salitʃe]
amieiro (m)	alno (m)	['alno]
faia (f)	faggio (m)	['fadʒo]
ulmeiro (m)	olmo (m)	['olmo]
freixo (m)	frassino (m)	['frassino]
castanheiro (m)	castagno (m)	[ka'staɲo]
magnólia (f)	magnolia (f)	[ma'ɲolia]
palmeira (f)	palma (f)	['palma]
cipreste (m)	cipresso (m)	[tʃi'presso]
mangue (m)	mangrovia (f)	[man'growia]
embondeiro, baobá (m)	baobab (m)	[bao'bab]
eucalipto (m)	eucalipto (m)	[ewka'lipto]
sequoia (f)	sequoia (f)	[se'kwoja]

95. Arbustos

arbusto (m)	cespuglio (m)	[tʃes'puʎʎo]
arbusto (m), moita (f)	arbusto (m)	[ar'busto]

videira (f)	**vite** (f)	['vite]
vinhedo (m)	**vigneto** (m)	[vi'ɲeto]
framboeseira (f)	**lampone** (m)	[lam'pone]
groselheira-vermelha (f)	**ribes** (m) **rosso**	['ribes 'rosso]
groselheira (f) espinhosa	**uva** (f) **spina**	['uva 'spina]
acácia (f)	**acacia** (f)	[a'katʃa]
bérberis (f)	**crespino** (m)	[kres'pino]
jasmim (m)	**gelsomino** (m)	[dʒelso'mino]
junípero (m)	**ginepro** (m)	[dʒi'nepro]
roseira (f)	**roseto** (m)	[ro'zeto]
roseira (f) brava	**rosa** (f) **canina**	['roza ka'nina]

96. Frutos. Bagas

fruta (f)	**frutto** (m)	['frutto]
frutas (f pl)	**frutti** (m pl)	['frutti]
maçã (f)	**mela** (f)	['mela]
pera (f)	**pera** (f)	['pera]
ameixa (f)	**prugna** (f)	['pruɲa]
morango (m)	**fragola** (f)	['fragola]
ginja (f)	**amarena** (f)	[ama'rena]
cereja (f)	**ciliegia** (f)	[tʃi'ljedʒa]
uva (f)	**uva** (f)	['uva]
framboesa (f)	**lampone** (m)	[lam'pone]
groselha (f) preta	**ribes** (m) **nero**	['ribes 'nero]
groselha (f) vermelha	**ribes** (m) **rosso**	['ribes 'rosso]
groselha (f) espinhosa	**uva** (f) **spina**	['uva 'spina]
oxicoco (m)	**mirtillo** (m) **di palude**	[mir'tillo di pa'lude]
laranja (f)	**arancia** (f)	[a'rantʃa]
tangerina (f)	**mandarino** (m)	[manda'rino]
ananás (m)	**ananas** (m)	[ana'nas]
banana (f)	**banana** (f)	[ba'nana]
tâmara (f)	**dattero** (m)	['dattero]
limão (m)	**limone** (m)	[li'mone]
damasco (m)	**albicocca** (f)	[albi'kokka]
pêssego (m)	**pesca** (f)	['peska]
kiwi (m)	**kiwi** (m)	['kiwi]
toranja (f)	**pompelmo** (m)	[pom'pelmo]
baga (f)	**bacca** (f)	['bakka]
bagas (f pl)	**bacche** (f pl)	['bakke]
arando (m) vermelho	**mirtillo** (m) **rosso**	[mir'tillo 'rosso]
morango-silvestre (m)	**fragola** (f) **di bosco**	['fragola di 'bosko]
mirtilo (m)	**mirtillo** (m)	[mir'tillo]

97. Flores. Plantas

| flor (f) | fiore (m) | ['fjore] |
| ramo (m) de flores | mazzo (m) di fiori | ['mattso di 'fjori] |

rosa (f)	rosa (f)	['roza]
tulipa (f)	tulipano (m)	[tuli'pano]
cravo (m)	garofano (m)	[ga'rofano]
gladíolo (m)	gladiolo (m)	[gla'djolo]

centáurea (f)	fiordaliso (m)	[fjorda'lizo]
campânula (f)	campanella (f)	[kampa'nella]
dente-de-leão (m)	soffione (m)	[sof'fjone]
camomila (f)	camomilla (f)	[kamo'milla]

aloé (m)	aloe (m)	['aloe]
cato (m)	cactus (m)	['kaktus]
fícus (m)	ficus (m)	['fikus]

lírio (m)	giglio (m)	['dʒiʎʎo]
gerânio (m)	geranio (m)	[dʒe'ranio]
jacinto (m)	giacinto (m)	[dʒa'tʃinto]

mimosa (f)	mimosa (f)	[mi'moza]
narciso (m)	narciso (m)	[nar'tʃizo]
capuchinha (f)	nasturzio (m)	[na'sturtsio]

orquídea (f)	orchidea (f)	[orki'dea]
peónia (f)	peonia (f)	[pe'onia]
violeta (f)	viola (f)	[vi'ola]

amor-perfeito (m)	viola (f) del pensiero	[vi'ola del pen'sjero]
não-me-esqueças (m)	nontiscordardimé (m)	[non·ti·skordar·di'me]
margarida (f)	margherita (f)	[marge'rita]

papoula (f)	papavero (m)	[pa'pavero]
cânhamo (m)	canapa (f)	['kanapa]
hortelã (f)	menta (f)	['menta]

| lírio-do-vale (m) | mughetto (m) | [mu'getto] |
| campânula-branca (f) | bucaneve (m) | [buka'neve] |

urtiga (f)	ortica (f)	[or'tika]
azeda (f)	acetosa (f)	[atʃe'toza]
nenúfar (m)	ninfea (f)	[nin'fea]
feto (m), samambaia (f)	felce (f)	['feltʃe]
líquen (m)	lichene (m)	[li'kene]

estufa (f)	serra (f)	['serra]
relvado (m)	prato (m) erboso	['prato er'bozo]
canteiro (m) de flores	aiuola (f)	[aju'ola]

planta (f)	pianta (f)	['pjanta]
erva (f)	erba (f)	['erba]
folha (f) de erva	filo (m) d'erba	['filo 'derba]

folha (f)	**foglia** (f)	['foʎʎa]
pétala (f)	**petalo** (m)	['petalo]
talo (m)	**stelo** (m)	['stelo]
tubérculo (m)	**tubero** (m)	['tubero]
broto, rebento (m)	**germoglio** (m)	[dʒer'moʎʎo]
espinho (m)	**spina** (f)	['spina]
florescer (vi)	**fiorire** (vi)	[fjo'rire]
murchar (vi)	**appassire** (vi)	[appas'sire]
cheiro (m)	**odore** (m), **profumo** (m)	[o'dore], [pro'fumo]
cortar (flores)	**tagliare** (vt)	[taʎ'ʎare]
colher (uma flor)	**cogliere** (vt)	['koʎʎere]

98. Cereais, grãos

grão (m)	**grano** (m)	['grano]
cereais (plantas)	**cereali** (m pl)	[ʧere'ali]
espiga (f)	**spiga** (f)	['spiga]
trigo (m)	**frumento** (m)	[fru'mento]
centeio (m)	**segale** (f)	['segale]
aveia (f)	**avena** (f)	[a'vena]
milho-miúdo (m)	**miglio** (m)	['miʎʎo]
cevada (f)	**orzo** (m)	['ortso]
milho (m)	**mais** (m)	['mais]
arroz (m)	**riso** (m)	['rizo]
trigo-sarraceno (m)	**grano** (m) **saraceno**	['grano sara'ʧeno]
ervilha (f)	**pisello** (m)	[pi'zello]
feijão (m)	**fagiolo** (m)	[fa'dʒolo]
soja (f)	**soia** (f)	['soja]
lentilha (f)	**lenticchie** (f pl)	[len'tikkje]
fava (f)	**fave** (f pl)	['fave]

PAÍSES DO MUNDO

99. Países. Parte 1

Afeganistão (m)	**Afghanistan** (m)	[af'ganistan]
África do Sul (f)	**Repubblica** (f) **Sudafricana**	[re'pubblika sudafri'kana]
Albânia (f)	**Albania** (f)	[alba'nia]
Alemanha (f)	**Germania** (f)	[dʒer'mania]
Arábia (f) Saudita	**Arabia Saudita** (f)	[a'rabia sau'dita]
Argentina (f)	**Argentina** (f)	[ardʒen'tina]
Arménia (f)	**Armenia** (f)	[ar'menia]
Austrália (f)	**Australia** (f)	[au'stralia]
Áustria (f)	**Austria** (f)	['austria]
Azerbaijão (m)	**Azerbaigian** (m)	[azerbaj'dʒan]
Bahamas (f pl)	**le Bahamas**	[le ba'amas]
Bangladesh (m)	**Bangladesh** (m)	['bangladeʃ]
Bélgica (f)	**Belgio** (m)	['beldʒo]
Bielorrússia (f)	**Bielorussia** (f)	[bjelo'russia]
Bolívia (f)	**Bolivia** (f)	[bo'livia]
Bósnia e Herzegovina (f)	**Bosnia-Erzegovina** (f)	['boznia-ertse'govina]
Brasil (m)	**Brasile** (m)	[bra'zile]
Bulgária (f)	**Bulgaria** (f)	[bulga'ria]
Camboja (f)	**Cambogia** (f)	[kam'bodʒa]
Canadá (m)	**Canada** (m)	['kanada]
Cazaquistão (m)	**Kazakistan** (m)	[ka'zakistan]
Chile (m)	**Cile** (m)	['tʃile]
China (f)	**Cina** (f)	['tʃina]
Chipre (m)	**Cipro** (m)	['tʃipro]
Colômbia (f)	**Colombia** (f)	[ko'lombia]
Coreia do Norte (f)	**Corea** (f) **del Nord**	[ko'rea del nord]
Coreia do Sul (f)	**Corea** (f) **del Sud**	[ko'rea del sud]
Croácia (f)	**Croazia** (f)	[kro'atsia]
Cuba (f)	**Cuba** (f)	['kuba]
Dinamarca (f)	**Danimarca** (f)	[dani'marka]
Egito (m)	**Egitto** (m)	[e'dʒitto]
Emirados Árabes Unidos	**Emirati** (m pl) **Arabi**	[emi'rati 'arabi]
Equador (m)	**Ecuador** (m)	[ekva'dor]
Escócia (f)	**Scozia** (f)	['skotsia]
Eslováquia (f)	**Slovacchia** (f)	[zlo'vakkia]
Eslovénia (f)	**Slovenia** (f)	[zlo'venia]
Espanha (f)	**Spagna** (f)	['spaɲa]
Estados Unidos da América	**Stati** (m pl) **Uniti d'America**	['stati u'niti da'merika]
Estónia (f)	**Estonia** (f)	[es'tonia]
Finlândia (f)	**Finlandia** (f)	[fin'landia]
França (f)	**Francia** (f)	['frantʃa]

100. Países. Parte 2

Gana (f)	Ghana (m)	['gana]
Geórgia (f)	Georgia (f)	[dʒe'ordʒa]
Grã-Bretanha (f)	Gran Bretagna (f)	[gran bre'taɲa]
Grécia (f)	Grecia (f)	['gretʃa]
Haiti (m)	Haiti (m)	[a'iti]
Hungria (f)	Ungheria (f)	[unge'ria]
Índia (f)	India (f)	['india]
Indonésia (f)	Indonesia (f)	[indo'nezia]
Inglaterra (f)	Inghilterra (f)	[ingil'terra]
Irão (m)	Iran (m)	['iran]
Iraque (m)	Iraq (m)	['irak]
Irlanda (f)	Irlanda (f)	[ir'landa]
Islândia (f)	Islanda (f)	[iz'landa]
Israel (m)	Israele (m)	[izra'ele]
Itália (f)	Italia (f)	[i'talia]
Jamaica (f)	Giamaica (f)	[dʒa'majka]
Japão (m)	Giappone (m)	[dʒap'pone]
Jordânia (f)	Giordania (f)	[dʒor'dania]
Kuwait (m)	Kuwait (m)	[ku'vejt]
Laos (m)	Laos (m)	['laos]
Letónia (f)	Lettonia (f)	[let'tonia]
Líbano (m)	Libano (m)	['libano]
Líbia (f)	Libia (f)	['libia]
Liechtenstein (m)	Liechtenstein (m)	['liktenstajn]
Lituânia (f)	Lituania (f)	[litu'ania]
Luxemburgo (m)	Lussemburgo (m)	[lussem'burgo]
Macedónia (f)	Macedonia (f)	[matʃe'donia]
Madagáscar (m)	Madagascar (m)	[madagas'kar]
Malásia (f)	Malesia (f)	[ma'lezia]
Malta (f)	Malta (f)	['malta]
Marrocos	Marocco (m)	[ma'rokko]
México (m)	Messico (m)	['messiko]
Myanmar (m), Birmânia (f)	Birmania (f)	[bir'mania]
Moldávia (f)	Moldavia (f)	[mol'davia]
Mónaco (m)	Monaco (m)	['monako]
Mongólia (f)	Mongolia (f)	[mo'ngolia]
Montenegro (m)	Montenegro (m)	[monte'negro]
Namíbia (f)	Namibia (f)	[na'mibia]
Nepal (m)	Nepal (m)	[ne'pal]
Noruega (f)	Norvegia (f)	[nor'vedʒa]
Nova Zelândia (f)	Nuova Zelanda (f)	[nu'ova dze'landa]

101. Países. Parte 3

Países (m pl) Baixos	Paesi Bassi (m pl)	[pa'ezi 'bassi]
Palestina (f)	Palestina (f)	[pale'stina]

Panamá (m)	**Panama** (m)	['panama]
Paquistão (m)	**Pakistan** (m)	['pakistan]
Paraguai (m)	**Paraguay** (m)	[para'gwaj]
Peru (m)	**Perù** (m)	[pe'ru]
Polinésia Francesa (f)	**Polinesia** (f) **Francese**	[poli'nezia fran'ʧeze]
Polónia (f)	**Polonia** (f)	[po'lonia]
Portugal (m)	**Portogallo** (f)	[porto'gallo]
Quénia (f)	**Kenya** (m)	['kenia]
Quirguistão (m)	**Kirghizistan** (m)	[kir'gizistan]
República (f) Checa	**Repubblica** (f) **Ceca**	[re'pubblika 'ʧeka]
República (f) Dominicana	**Repubblica** (f) **Dominicana**	[re'pubblika domini'kana]
Roménia (f)	**Romania** (f)	[roma'nia]
Rússia (f)	**Russia** (f)	['russia]
Senegal (m)	**Senegal** (m)	[sene'gal]
Sérvia (f)	**Serbia** (f)	['serbia]
Síria (f)	**Siria** (f)	['siria]
Suécia (f)	**Svezia** (f)	['zvetsia]
Suíça (f)	**Svizzera** (f)	['zvittsera]
Suriname (m)	**Suriname** (m)	[suri'name]
Tailândia (f)	**Tailandia** (f)	[taj'landia]
Taiwan (m)	**Taiwan** (m)	[taj'van]
Tajiquistão (m)	**Tagikistan** (m)	[ta'dʒikistan]
Tanzânia (f)	**Tanzania** (f)	[tan'dzania]
Tasmânia (f)	**Tasmania** (f)	[taz'mania]
Tunísia (f)	**Tunisia** (f)	[tuni'zia]
Turquemenistão (m)	**Turkmenistan** (m)	[turk'menistan]
Turquia (f)	**Turchia** (f)	[tur'kia]
Ucrânia (f)	**Ucraina** (f)	[uk'raina]
Uruguai (m)	**Uruguay** (m)	[uru'gwaj]
Uzbequistão (f)	**Uzbekistan** (m)	[uz'bekistan]
Vaticano (m)	**Vaticano** (m)	[vati'kano]
Venezuela (f)	**Venezuela** (f)	[venetsu'ela]
Vietname (m)	**Vietnam** (m)	['vjetnam]
Zanzibar (m)	**Zanzibar**	['dzandzibar]

www.ingramcontent.com/pod-product-compliance
Lightning Source LLC
Chambersburg PA
CBHW070829050426
42452CB00011B/2221